СЛОВО БОЖЬЕ НА КАЖДЫЙ ДЕНЬ

2024
Losungen

Евангелическо-Лютеранская Церковь России
Санкт-Петербург

2023

Слово Божье на каждый день – 2024/Losungen

Издано по поручению Централизованной религиозной организации «Евангелическо-Лютеранская Церковь России»

Издатели благодарны Гернгутерскому обьединению братьев за предоставленную поддержку.

Редакторы: Елена Дякива, Марина Худенко

Макет: Юлия Другова

Тираж: 1100 экземпляров

Адрес редакции:
Централизованная религиозная организация
«Евангелическо-Лютеранская Церковь России»
Канцелярия архиепископа

191186, Россия, Санкт-Петербург, Невский пр., д. 22-24

E-mail: medien@elkras.ru; bote@elkras.ru

ISBN 978-3-7245-2633-9

Мир вам, дорогие читатели брошюры «Слово Божье на каждый день – 2024. Losungen»!

«Всё у вас да будет с любовью» (1 Кор. 16,14) – это библейское изречение на 2024 год, которое будет сопровождать нас каждый день Божьим Словом.

С любовью всё и у всех, кто исповедует Своим Господом и Спасителем Иисуса Христа. С любовью взаимоотношения в семье, служение в Церкви с любовью, учеба, работа и отдых, решение различных вопросов – всё с любовью.

Без спекуляций и подмен, не оправдывая свое равнодушие, злобу, гнев тем, что в этих состояниях вы пребывали и действовали в любви.

Любовь даруется и открывается Богом через жертву понесшего на Себе наше наказание за грех человека, за нас претерпевшего боль и смерть.

Жизнь в любви – это ориентация на Любящего, доверие, утешение и ободрение Его Словом, жажда слышать Его, общаться с Ним, свидетельствовать о Нем. Жить не обидами и жаждой возмездия, а прощением, осознавая радость своего прощения Небесным Отцом.

Мира в Господе Иисусе Христе!

Благословенного 2024 года, благословений в вечности с Отцом!

Во Христе ваш
+Владимир Проворов, архиепископ
Евангелическо-Лютеранской Церкви России

СПИСОК СОКРАЩЕНИЙ БИБЛЕЙСКИХ КНИГ

Авв. – Книга пророка Аввакума
Авд. – Книга пророка Авдия
Агг. – Книга пророка Аггея
Ам. – Книга пророка Амоса
Быт. – Бытие
Вар. – Книга пророка Варуха
Втор. – Второзаконие
Дан. – Книга пророка Даниила
Езд. – Книга Ездры
Еккл. – Книга Екклесиаста
Есф. – Книга Есфирь
Зах. – Книга пророка Захарии
Иез. – Книга пророка Иезекииля
Иер. – Книга пророка Иеремии
Иов – Книга Иова
Иоиль – Книга пророка Иоиля
Иона – Книга пророка Ионы
Ис. – Книга пророка Исаии
Нав. – Книга Иисуса Навина
Исх. – Исход
Иудифь – Книга Иудифи
Лев. – Левит
1, 2, 3 Мак. – Книги Маккавейские
Мал. – Книга пророка Малахии
Мих. – Книга пророка Михея
Наум – Книга пророка Наума
Неем. – Книга Неемии
Ос. – Книга пророка Осии
1, 2 Пар. – Книги Паралипоменон
Песн. – Песнь Песней
Плач – Плач Иеремии
Прем. – Книга Премудрости Соломона
Притч. – Притчи Соломона
Пс. – Псалтирь
Руфь – Книга Руфи
Соф. – Книга пророка Софонии
Сир. – Книга Премудрости Иисуса, сына Сирахова
Суд. – Книга Судей
Тов. – Книга Товита
1, 2, 3, 4 Цар. – Книги Царств
Числ. – Числа
Гал. – Послание к Галатам
Деян. – Деяния святых Апостолов
Евр. – Послание к Евреям
Еф. – Послание к Ефесянам
Иак. – Послание Иакова
Ин. – Евангелие от Иоанна
1, 2, 3 Ин. – Послания Иоанна
Иуд. – Послание Иуды
Кол. – Послание к Колоссянам
1, 2 Кор. – Послания к Коринфянам
Лк. – Евангелие от Луки
Мк. – Евангелие от Марка
Мф. – Евангелие от Матфея
Откр. – Откровение Иоанна Богослова (Апокалипсис)
1, 2 Петр. – Послания Петра
Рим. – Послание к Римлянам
1, 2 Тим. – Послания к Тимофею
Тит – Послание к Титу
1, 2 Фес. – Послания к Фессалоникийцам
Флм. – Послание к Филимону
Флп. – Послание к Филиппийцам

Изречение на 2024 год:
Всё у вас да будет с любовью.
(1 Кор. 16,14)

Январь

Вино молодое надобно вливать в мехи новые. Мк. 2,22

1 понедельник

Наблюдай и будь спокоен; не страшись и да не унывает сердце твое.
Ис. 7,4

Иисус говорит: «Дух Господень на Мне; ибо Он помазал и послал Меня проповедывать лето Господне благоприятное». Ныне исполнилось писание сие, слышанное вами.
Лк. 4,18.19.21

НОВЫЙ ГОД
ОБРЕЗАНИЕ И НАРЕЧЕНИЕ ИМЕНИ ИИСУСА

Иисус Христос вчера и сегодня и во веки Тот же.
Евр. 13,8

Псалом: 8,2.5–7 белый
Проповедь/Послание: Иак. 4,13–15
Евангелие: Лк. 4,16–21
ВЗ: Нав. 1,1–9

---

2 вторник

Я усердно принесу Тебе жертву, прославлю имя Твое, Господи, ибо оно благо.
Пс. 53,8

Придя же, одна бедная вдова положила две лепты.
Мк. 12,42

☼ Нав. 24,1–2*a*.13–18.25.26 ⊙ Мк. 1,1–8

3 среда

Валаам сказал: хотя бы Валак давал мне полный свой дом серебра и золота, не могу преступить повеления Господа.
Числ. 22,18

Должно повиноваться больше Богу, нежели человекам.
Деян. 5,29

☼ Исх. 2,1–10 ⊙ Мк. 1,9–13

4 четверг

И придут народы к свету твоему, и цари – к восходящему над тобою сиянию.
Ис. 60,3

Город не имеет нужды ни в солнце, ни в луне для освещения своего, ибо слава Божия осветила его, и светильник его – Агнец. Спасенные народы будут ходить во свете его.
Откр. 21,23–24

☼ Быт. 21,1–7 ⊙ Мк. 1,14–20

5 пятница

Пойдем молиться лицу Господа и взыщем Господа Саваофа; и каждый скажет: пойду и я.
Зах. 8,21

Когда же крестилась Лидия и домашние ее, то просила нас, говоря: если вы признали меня верною Господу, то войдите в дом мой и живите у меня.
Деян. 16,15

☼ Быт. 9,8–11(12.13) ⊙ Мк. 1,21–28

6 суббота

Кто есть человек, боящийся Господа? Ему укажет Он путь, который избрать.
Пс. 24,12

Волхвы, получив во сне откровение не возвращаться к Ироду, иным путем отошли в страну свою.
Мф. 2,12

⊙ Мк. 1,29–39

БОГОЯВЛЕНИЕ (ЭПИФАНИЯ)

Тьма проходит и истинный свет уже светит.
1 Ин. 2,8*б*

Псалом: 99,1–5 белый
Послание: Еф. 3,1–7
Евангелие: Мф. 2,1–12
ВЗ: Ис. 60,1–6 Проповедь: 3 Цар. 10,1–13

---

7 воскресенье

Не бойтесь, стойте – и увидите спасение Господне, которое Он соделает вам ныне.
Исх. 14,13

Павел сказал: молил бы я Бога, чтобы мало ли, много ли, не только ты, но и все, слушающие меня сегодня, сделались такими, как я, кроме этих уз.

Деян. 26,29

ПЕРВОЕ ВОСКРЕСЕНЬЕ ПОСЛЕ БОГОЯВЛЕНИЯ

Все, водимые Духом Божиим, суть сыны Божии.

Рим. 8,14

Псалом: 71,1–2.12.17*б* зеленый
Послание: Рим. 12,1–8
Евангелие: Мф. 3,13–17
ВЗ: Ис. 42,1–9 Проповедь: 1 Кор. 1,26–31

---

8 понедельник

Он будет веселиться пред Тобою, как веселятся во время жатвы.

Ис. 9,3

Земля, пившая многократно сходящий на нее дождь и произращающая злак, полезный тем, для которых и возделывается, получает благословение от Бога.

Евр. 6,7

☼ Деян. 10,37–48 ⊙ Мк. 1,40–45

9 вторник

Господь будет судить концы земли, и даст крепость царю Своему.

1 Цар. 2,10

Вот Агнец Божий, Который берет на Себя грех мира.
Ин. 1,29

☼ Лк. 18,15–17 ⊙ Мк. 2,1–12

10 среда

Уклоняйся от зла и делай добро; ищи мира и следуй за ним.
Пс. 33,15

Итак будем искать того, что служит к миру и ко взаимному назиданию.
Рим. 14,19

☼ Рим. 8,26–30 ⊙ Мк. 2,13–17

11 четверг

Вот, Я испытал тебя в горниле страдания.
Ис. 48,10

Будьте постоянны в молитве!
Кол. 4,2

☼ Еф. 1,3–10 ⊙ Мк. 2,18–22

12 пятница

Странник я на земле.
Пс. 118,19

Ибо знаем, что, когда земной наш дом, эта хижина, разрушится, мы имеем от Бога жилище на небесах, дом нерукотворенный, вечный.
2 Кор. 5,1

☼ Лк. 12,49–53 ⊙ Мк. 2,23–28

13 суббота

Вот, Ты дал мне дни, как пяди, и век мой как ничто пред Тобою. Подлинно, совершенная суета – всякий человек живущий.
Пс. 38,6

Павел пишет: Посему мы не унываем; но если внешний наш человек и тлеет, то внутренний со дня на день обновляется.
2 Кор. 4,16

☼ Мф. 4,12–17 ⊙ Мк. 3,1–6

14 воскресенье

Так говорит Господь: сохраняйте суд и делайте правду; ибо близко спасение Мое и откровение правды Моей.
Ис. 56,1

Иоанн же удерживал Его и говорил: мне надобно креститься от Тебя, и Ты ли приходишь ко мне? Но Иисус сказал ему в ответ: оставь теперь, ибо так надлежит нам исполнить всякую правду. Тогда Иоанн допускает Его.
Мф. 3,14.15

ВТОРОЕ ВОСКРЕСЕНЬЕ ПОСЛЕ БОГОЯВЛЕНИЯ

И от полноты Его все мы приняли и благодать на благодать.
Ин. 1,16

Псалом: 104,1–4 зеленый
Евангелие: Ин. 2,1–11
Послание: 1 Кор. 2,1–10
ВЗ: Исх. 33,18–23 Проповедь: Евр. 12,12–18(19–21)22–25*а*

15 понедельник

Благоволит Господь к боящимся Его, к уповающим на милость Его.
Пс. 146,11

Потому что вы не приняли духа рабства, чтобы опять жить в страхе, но приняли Духа усыновления, Которым взываем: «Авва, Отче!»
Рим. 8,15

☼ Втор. 5,1–7(8–21) ⊙ 1 Тим. 1,1–11

16 вторник

Не бойся, ибо Я искупил тебя, назвал тебя по имени твоему; ты Мой.
Ис. 43,1

Иисус увидел его и сказал ему: Закхей! сойди скорее, ибо сегодня надобно Мне быть у тебя в доме.
Лк. 19,5

☼ Мк. 2,23–28 ⊙ 1 Тим. 1,12–20

17 среда

Я Сам приучал Ефрема ходить, носил его на руках Своих, а они не сознавали, что Я врачевал их.
Ос. 11,3

Не оставлю вас сиротами; приду к вам.
Ин. 14,18

☼ Рим. 9,31–10,8 ⊙ 1 Тим. 2,1–7

18 четверг

Илия сказал: долго ли вам хромать на оба колена? если Господь есть Бог, то последуйте Ему; а если Ваал, то ему последуйте.
3 Цар. 18,21

Иисус говорит: Не можете служить Богу и маммоне.
Мф. 6,24

☼ Деян. 15,22–31 ⊙ 1 Тим. 2,8–15

19 пятница

Нищеты и богатства не давай мне, питай меня насущным хлебом.
Притч. 30,8

Мы ничего не принесли в мир; явно, что ничего не можем и вынести из него. Имея пропитание и одежду, будем довольны тем.
1 Тим. 6,7–8

☼ Гал. 5,1–6 ⊙ 1 Тим. 3,1–13

20 суббота

Господь сотворил землю силою Своею и разумом Своим распростер небеса.

Иер. 10,12

Возлюбленный Сын Бога есть прежде всего, и всё Им стоит.

Кол. 1,17

☼ Втор. 33,1-4(7.12–16) ⊙ 1 Тим. 3,14–16

21 воскресенье

Неужели доброе мы будем принимать от Бога, а злого не будем принимать?

Иов 2,10

Притом знаем, что любящим Бога, призванным по Его изволению, все содействует ко благу.

Рим. 8,28

ТРЕТЬЕ ВОСКРЕСЕНЬЕ ПОСЛЕ БОГОЯВЛЕНИЯ

И придут от востока и запада, и севера и юга, и возлягут в Царствии Божием.

Лк. 13,29

Псалом: 85,1*а*.2*б*.4.6–7 зеленый

Послание: Рим. 1,13–17

Евангелие: Мф. 8,5–13

Проповедь/ВЗ: 4 Цар. 5,(1–8)9–15(16–18)19*а*

---

22 понедельник

Кропите, небеса, свыше, и облака да проливают правду; да раскроется земля и приносит спасение, и да произрастает вместе правда. Я, Господь, творю это.
Ис. 45,8

Мы, по обетованию Его, ожидаем нового неба и новой земли, на которых обитает правда.
2 Петр. 3,13

☼ Деян. 16,9–15 ⊙ 1 Тим. 4,1–11

23 вторник

Ради имени Твоего, Господи, прости согрешение мое, ибо велико оно.
Пс. 24,11

Иисус, видя веру их, говорит расслабленному: чадо! прощаются тебе грехи твои.
Мк. 2,5

☼ Рим. 15,7–13 ⊙ 1 Тим. 4,12–5,2

24 среда

Земля и небеса погибнут, а Ты пребудешь.
Пс. 101,27

Иисус говорит: се, Я с вами во все дни до скончания века.
Мф. 28,20

☼ Руфь 4,7–12 ⊙ 1 Тим. 5,3–16

25 четверг

Блажен народ, знающий трубный зов! Они ходят во свете лица Твоего, Господи.

Пс. 88,16

Иисус говорит: Я свет миру; кто последует за Мною, тот не будет ходить во тьме, но будет иметь свет жизни.

Ин. 8,12

☼ Деян. 13,42–52 ⊙ 1 Тим. 5,17–25

ДЕНЬ ОБРАЩЕНИЯ СВ. АПОСТОЛА ПАВЛА

Послание: Деян. 9,1–19 красный

Евангелие: Мф. 19,27–30

---

26 пятница

Ты укажешь мне путь жизни.

Пс. 15,11

Иисус сказал ученикам Своим: кто хочет душу свою сберечь, тот потеряет ее, а кто потеряет душу свою ради Меня, тот обретет ее.

Мф. 16,25

☼ Кол. 1,(21–23)24–29 ⊙ 1 Тим. 6,1–10

27 суббота

И сказал Соломону Бог: за то, что ты не просил себе долгой жизни, не просил себе богатства, не просил себе душ врагов твоих, но просил себе разума, чтоб уметь судить, – вот, Я сделаю по слову твоему.
3 Цар. 3,11–12

Павел пишет: Не сообразуйтесь с веком сим, но преобразуйтесь обновлением ума вашего, чтобы вам познавать, что есть воля Божия, благая, угодная и совершенная.
Рим. 12,2

☼ Откр. 15,1–4 ⊙ 1 Тим. 6,11–21

28 воскресенье

Все народы, Тобою сотворенные, приидут и поклонятся пред Тобою, Господи, и прославят имя Твое.
Пс. 85,9

И услышал я громкий голос с неба, говорящий: се, скиния Бога с человеками, и Он будет обитать с ними; они будут Его народом, и Сам Бог с ними будет Богом их.
Откр. 21,3

ПОСЛЕДНЕЕ ВОСКРЕСЕНЬЕ ПОСЛЕ БОГОЯВЛЕНИЯ
ПРЕОБРАЖЕНИЕ ГОСПОДНЕ

Над тобою воссияет Господь, и слава Его явится над тобою.
Ис. 60,2

Псалом: 96,1–2.6.12 зеленый
Проповедь/Послание: 2 Кор. 4,6–10
Евангелие: Мф. 17,1–9
ВЗ: Исх. 3,1–8*а*(8*б*.9)10(11–12)13–14(15)

29 понедельник

Чтобы все народы познали, что Господь есть Бог и нет кроме Его.

3 Цар. 8,60

Итак идите, научите все народы, крестя их во имя Отца и Сына и Святого Духа, уча их соблюдать всё, что Я повелел вам.

Мф. 28,19–20

☼ 2 Кор. 3,(9–11)12–18 ⊙ 2 Тим. 1,1–12

30 вторник

И сказал Иессей Давиду: наведайся о здоровье братьев и узнай о нуждах их.

1 Цар. 17,18

Принесли некоторые на постели человека, который был расслаблен, и старались внести его в дом и положить перед Иисусом.

Лк. 5,18

☼ Ин. 1,43–51 ⊙ 2 Тим. 1,13–18

31 среда

Поистине, в Господе Боге нашем спасение Израилево!
Иер. 3,23

И сказала Мария: величит душа Моя Господа, и возрадовался дух Мой о Боге, Спасителе Моем.
Лк. 1,46–47

☼ Откр. 1,(1.2)3–8 ⊙ 2 Тим. 2,1–13

Февраль

Всё Писание богодухновенно и полезно для научения, для обличения, для исправления, для наставления в праведности. 2 Тим. 3,16

1 четверг

Господь с небес призрел на сынов человеческих, чтобы видеть, есть ли разумеющий, ищущий Бога.
Пс. 13,2

Возрастайте в благодати и познании Господа нашего и Спасителя Иисуса Христа.
2 Петр. 3,18

☼ 2 Кор. 4,1–5 ⊙ 2 Тим. 2,14–21

2 пятница

Пойдут многие народы и скажут: придите, и взойдем на гору Господню, в дом Бога Иаковлева, и научит Он нас Своим путям и будем ходить по стезям Его.
Ис. 2,3

Увидев народ, Иисус взошел на гору; и, когда сел, приступили к Нему ученики Его. И Он, отверзши уста Свои, учил их.
Мф. 5,1–2

☼ Откр. 1,(9–11)12–18 ⊙ 2 Тим. 2,22–26

ПРАЗДНИК СРЕТЕНИЯ ГОСПОДНЯ

Придите и воззрите на дела Бога, страшного в делах над сынами человеческими.
Пс. 65,5

Псалом: 102,1–4 белый
Послание: Евр. 2,14–18
Евангелие: Лк. 2,22–35 ВЗ: Мал. 3,1–4

3 суббота

Буду руководить тебя, око Мое над тобою.
Пс. 31,8

Иисус говорит Симону и Андрею: идите за Мною!
Мф. 4,19

☼ Числ. 6,22–27 ⊙ 2 Тим. 3,1–9

4 воскресенье

Близок оправдывающий Меня: кто хочет состязаться со Мною?
Ис. 50,8

Иисус сказал ей: женщина! где твои обвинители? никто не осудил тебя? Она отвечала: никто, Господи. Иисус сказал ей: и Я не осуждаю тебя; иди и впредь не греши.
Ин. 8,10–11

ВТОРОЕ ВОСКРЕСЕНЬЕ ПЕРЕД СТРАСТНЫМ ВРЕМЕНЕМ
SEXAGESIMAE (60 ДНЕЙ ПЕРЕД ПАСХОЙ)

Ныне, когда услышите глас Его, не ожесточите сердец ваших.
Евр. 3,15

Псалом: 119,105.114.116–117 зеленый
Послание: Евр. 4,12–13
Евангелие: Лк. 8,4–8(9–15)
ВЗ: Ис. 55,(6–7)8–12*a* Проповедь: Мк. 4,26–29

---

5 понедельник

Господь медлит, чтобы помиловать вас.
Ис. 30,18

Мы веруем, что благодатию Господа Иисуса Христа спасемся.
Деян. 15,11

☼ Втор. 32,44–47 ⊙ 2 Тим. 3,10–17

6 вторник

Господь говорит: вы будете у Меня царством священников и народом святым.
Исх. 19,6

Теперь готовится мне венец правды, который даст мне Господь, праведный Судия, в день оный; и не только мне, но и всем, возлюбившим явление Его.
2 Тим. 4,8

☼ Ам. 8,(4–10)11.12 ⊙ 2 Тим. 4,1–8

7 среда

Строго наказал меня Господь, но смерти не предал меня.
Пс. 117,18

Тут был человек, находившийся в болезни тридцать восемь лет. Иисус говорит ему: встань, возьми постель твою и ходи. И он тотчас выздоровел, и взял постель свою и пошел.
Ин. 5,5.8–9

☼ Лк. 6,43–49 ⊙ 2 Тим. 4,9–22

8 четверг

Благо тому, кто терпеливо ожидает спасения от Господа.
Плач 3,26

С терпением будем проходить предлежащее нам поприще, взирая на начальника и совершителя веры Иисуса.
Евр. 12,1–2

☼ 1 Фес. 1,2–10 ⊙ Тит 1,1–9

9 пятница

Говорите к сердцу Иерусалима и возвещайте ему, что исполнилось время борьбы его, что за неправды его сделано удовлетворение.
Ис. 40,2

Проповедану быть во имя Христа покаянию и прощению грехов во всех народах, начиная с Иерусалима.
Лк. 24,47

☼ 2 Тим. 3,(10–13)14–17 ⊙ Тит 1,10–16

10 суббота

Уста мои будут возвещать правду Твою, всякий день благодеяния Твои; ибо я не знаю им числа.
Пс. 70,15

Мария сказала: сотворил Мне величие Сильный, и свято имя Его.
Лк. 1,49

☼ Мф. 13,31–35 ⊙ Тит 2,1–10

11 воскресенье

Дух Мой пребывает среди вас: не бойтесь!
Агг. 2,5

Иисус говорит: В мире будете иметь скорбь; но мужайтесь: Я победил мир.
Ин. 16,33

ВОСКРЕСЕНЬЕ ПЕРЕД СТРАСТНЫМ ВРЕМЕНЕМ ESTOMIHI
(Будь мне каменною твердынею. Пс. 30,3)

Вот, мы восходим в Иерусалим, и совершится всё, написанное через пророков о Сыне Человеческом.
Лк. 18,31

Псалом: 30,2.6.8–9 зеленый
Послание: 1 Кор. 13,1–13
Евангелие: Мк. 8,31–38
Проповедь/ВЗ: Ам. 5,21–24

---

12 понедельник

Заботьтесь о благосостоянии города и молитесь за него Господу; ибо при благосостоянии его и вам будет мир.
Иер. 29,7

Когда вошел Иисус в Иерусалим, весь город пришел в движение и говорил: кто Сей?
Мф. 21,10

☼ Лк. 13,31–35 ⊙ Тит 2,11–15

13 вторник

Господь говорит: Не бесчестите святого имени Моего.
Лев. 22,32

Иисус говорит: Что вы зовете Меня: Господи! Господи! – и не делаете того, что Я говорю?
Лк. 6,46

☼ Лк. 5,33–39 ⊙ Тит 3,1–7

14 среда

Пепельная среда. Начало Страстного времени

Кто я и кто народ мой, что мы имели возможность так жертвовать? Но от Тебя всё, и от руки Твоей полученное мы отдали Тебе.
1 Пар. 29,14

Даром получили, даром давайте.
Мф. 10,8

☼ Мф. 6,16–21 ⊙ Тит 3,8–15

15 четверг

Пришел народ к Моисею и сказал: согрешили мы, что говорили против Господа и против тебя; помолись Господу, чтоб Он удалил от нас змеев. И помолился Моисей о народе.
Числ. 21,7

От имени Христова просим: примиритесь с Богом.

2 Кор. 5,20

☼ Кол. 3,(5–7)8–11 ⊙ Флм. 1–25

16 пятница

Научи нас так счислять дни наши, чтобы нам приобрести сердце мудрое.

Пс. 89,12

Живем ли – для Господа живем; умираем ли – для Господа умираем: и потому, живем ли или умираем, – всегда Господни.

Рим. 14,8

☼ Езд. 9,5–9.13–15 ⊙ Исх. 1,1–22

17 суббота

А вы, горы Израилевы, Я к вам обращусь, и вы будете возделываемы и засеваемы.

Иез. 36,9

Итак, братия, будьте долготерпеливы до пришествия Господня. Вот, земледелец ждет драгоценного плода от земли и для него терпит долго, пока получит дождь ранний и поздний.

Иак. 5,7

☼ Дан. 5,1–7.17–30 ⊙ Исх. 2,1–10

18 воскресенье

А праведники да возвеселятся, да возрадуются пред Богом и восторжествуют в радости.
Пс. 67,4

Господин его сказал ему: хорошо, добрый и верный раб! в малом ты был верен, над многим тебя поставлю; войди в радость господина твоего.
Мф. 25,21

ПЕРВОЕ ВОСКРЕСЕНЬЕ СТРАСТНОГО ВРЕМЕНИ INVOCAVIT
(Воззовет ко мне, и услышу его. Пс. 90,15)

Для сего-то и явился Сын Божий, чтобы разрушить дела диавола.
1 Ин. 3,8*б*

Псалом: 90,1–2.11–12 фиолетовый
Послание: Евр. 4,14–16
Проповедь/Евангелие: Мф. 4,1–11
ВЗ: Быт. 3,1–19(20–24)

19 понедельник

Как велики дела Твои, Господи! дивно глубоки помышления Твои!
Пс. 91,6

Велики и чудны дела Твои, Господи Боже Вседержитель! Праведны и истинны пути Твои, Царь святых!
Откр. 15,3

☼ Иак. 1,1–6(7–11)12.13 ⊙ Исх. 2,11–25

20 вторник

Господь сказал Илии: Я оставил между Израильтянами семь тысяч мужей; всех сих колени не преклонялись пред Ваалом.

3 Цар. 19,18

А вы, возлюбленные, назидая себя на святейшей вере вашей, молясь Духом Святым, сохраняйте себя в любви Божией, ожидая милости от Господа нашего Иисуса Христа, для вечной жизни.

Иуд. 20–21

☼ Иов 1,1–22 ⊙ Исх. 3,1–22

21 среда

Кто может сказать: «я очистил мое сердце, я чист от греха моего?»

Притч. 20,9

Иисус, уразумев помышления их, сказал им в ответ: что вы помышляете в сердцах ваших?

Лк. 5,22

☼ 1 Кор. 10,9–13 ⊙ Исх. 4,1–17

22 четверг

Служите Господу с веселием; идите пред лице Его с восклицанием!

Пс. 99,2

Делая добро, да не унываем, ибо в свое время пожнем, если не ослабеем.
Гал. 6,9

☼ Иак. 4,1–10 ⊙ Исх. 4,18–31

23 пятница

Боже мой! Боже мой! для чего Ты оставил меня? Далеки от спасения моего слова вопля моего.
Пс. 21,2

И завеса в храме раздралась надвое, сверху донизу.
Мк. 15,38

☼ Евр. 2,11–18 ⊙ Исх. 5,1–6,1

24 суббота

Буду благотворить вам больше, нежели в прежние времена ваши, и узнаете, что Я Господь.
Иез. 36,11

Павел пишет: Уверен, что когда приду к вам, то приду с полным благословением благовествования Христова.
Рим. 15,29

☼ 2 Фес. 3,1–5 ⊙ Исх. 7,1–13

25 воскресенье

Да будут слова сии, которые Я заповедую тебе сегодня, в сердце твоем. И внушай их детям твоим и говори о них.
Втор. 6,6–7

Иисус говорит: Утешитель же, Дух Святой, Которого пошлет Отец во имя Мое, научит вас всему и напомнит вам всё, что Я говорил вам.

Ин. 14,26

ВТОРОЕ ВОСКРЕСЕНЬЕ СТРАСТНОГО ВРЕМЕНИ
REMINISCERE (Вспомни щедроты Твои, Господи. Пс. 24,6)

Бог Свою любовь к нам доказывает тем, что Христос умер за нас, когда мы были еще грешниками.

Рим. 5,8

Псалом: 9,24–25.33.39 — фиолетовый
Послание: Рим. 5,1–5(6–11)
Евангелие: Ин. 3,14–21
ВЗ: Ис. 5,1–7 — Проповедь: Числ. 21,4–9

---

26 понедельник

Очи Господа обозревают всю землю, чтобы поддерживать тех, чье сердце вполне предано Ему.

2 Пар. 16,9

Чтобы Он просветил очи сердца вашего, дабы вы познали, в чем состоит надежда призвания Его, и как безмерно величие могущества Его в нас, верующих по действию державной силы Его.

Еф. 1,18.19

☼ Гал. 6,(11–13)14–18 — ⊙ Исх. 7,14–25

27 вторник

Многократно омой меня от беззакония моего, и от греха моего очисти меня.

Пс. 50,4

Иисус говорит: Так на небесах более радости будет об одном грешнике кающемся, нежели о девяноста девяти праведниках, не имеющих нужды в покаянии.

Лк. 15,7

☼ Иов 2,1–10 ⊙ Исх. 11,1–10

28 среда

Господи, Боже мой! на Тебя я уповаю; спаси меня от всех гонителей моих и избавь меня.

Пс. 7,2

Когда же будут предавать вас, не заботьтесь, как или что сказать; ибо в тот час дано будет вам, что сказать.

Мф. 10,19

☼ Ин. 16,29–33 ⊙ Исх. 12,1–20

29 четверг

На Господа уповаю; как же вы говорите душе моей: «улетай на гору вашу, как птица»?

Пс. 10,1

Не оставляйте упования вашего, которому предстоит великое воздаяние.

Евр. 10,35

☼ 1 Ин. 1,8–2,2 ⊙ Исх. 12,21–33.51

Март

Не ужасайтесь. Иисуса ищете Назарянина, распятого; Он воскрес, Его нет здесь. Мк. 16,6

1 пятница

Всемирный день молитвы

Ты помощь моя, и в тени крыл Твоих я возрадуюсь.
Пс. 62,8

Если Бог за нас, кто против нас?
Рим. 8,31

☼ Евр. 9,11–15 ⊙ Мк. 10,32–45

2 суббота

Доколе, Господи, будешь забывать меня вконец, доколе будешь скрывать лице Твое от меня?
Пс. 12,2

Иисус возопил: Или, Или! лама савахфани?
Мф. 27,46

☼ Гал. 2,16–21 ⊙ Мк. 10,46–52

3 воскресенье

Скрывающий свои преступления не будет иметь успеха; а кто сознается и оставляет их, тот будет помилован.
Притч. 28,13

Закхей сказал Господу: Господи! половину имения моего я отдам нищим, и, если кого чем обидел, воздам вчетверо. Иисус сказал ему: ныне пришло спасение дому сему.
Лк. 19,8–9

ТРЕТЬЕ ВОСКРЕСЕНЬЕ СТРАСТНОГО ВРЕМЕНИ OCULI

(Очи мои всегда к Господу. Пс. 24,15)

Никто, возложивший руку свою на плуг и озирающийся назад, не благонадежен для Царствия Божия.

Лк. 9,62

Псалом: 33,18–20.23 фиолетовый

Послание: Еф. 5,1–2(3–7)8–9

Евангелие: Лк. 9,57–62

ВЗ: 3 Цар. 19,1–8(9–13*а*) Проповедь: 1 Петр. 1,(13–17)18–21

4 понедельник

Господь будет защитою для народа Своего и обороною для сынов Израилевых.

Иоиль 3,16

Слепой еще более стал кричать: Сын Давидов! помилуй меня. Иисус остановился и велел его позвать.

Мк. 10,48–49

☼ Лк. 14,(25.26)27–33(34–35) ⊙ Мк. 11,1–11

5 вторник

Кто знает, может быть, еще Бог умилосердится и отвратит от нас пылающий гнев Свой, и мы не погибнем.

Иона 3,9

Иисус говорит: всё, чего ни будете просить в молитве, верьте, что получите, – и будет вам.

Мк. 11,24

☼ Иов 7,11–21 ⊙ Мк. 11,12–25

6 среда

Господь сохранит тебя от всякого зла; сохранит душу твою Господь.

Пс. 120,7

Иисус молился: Не молю, чтобы Ты взял их из мира, но чтобы сохранил их от зла.

Ин. 17,15

☼ Мф. 19,16–26 ⊙ Мк. 11,27–33

7 четверг

Господь наполнит Сион судом и правдою. И настанут безопасные времена твои, изобилие спасения, мудрости и ведения.

Ис. 33,5–6

Церкви же по всей Иудее, Галилее и Самарии были в покое, назидаясь и ходя в страхе Господнем; и, при утешении от Святого Духа, умножались.

Деян. 9,31

☼ 1 Фес. 2,13.14(15.16)17–20 ⊙ Мк. 12,1–12

8 пятница

Господь обратился к Израильтянам ради завета Своего с Авраамом, Исааком и Иаковом, и не хотел истребить их, и не отверг их от лица Своего доныне.
4 Цар. 13,23

Дары и призвание Божие непреложны.
Рим. 11,29

☼ Мк. 9,38–41(42–47) ⊙ Мк. 12,13–17

9 суббота

За что так упорна болезнь моя, и рана моя так неисцельна, что отвергает врачевание? Неужели Ты будешь для меня как бы обманчивым источником, неверною водою?
Иер. 15,18

Павел пишет: Во Христе мы имеем дерзновение и надежный доступ к Богу через веру в Него. Посему прошу вас не унывать при моих ради вас скорбях.
Еф. 3,12–13

☼ Мф. 16,24–27(28) ⊙ Мк. 12,18–27

10 воскресенье

Буду веселиться о народе Моем; и не услышится в нем более голос плача и голос вопля.
Ис. 65,19

Агнец, Который среди престола, будет пасти их и водить их на живые источники вод; и отрет Бог всякую слезу с очей их.

Откр. 7,17

ЧЕТВЕРТОЕ ВОСКРЕСЕНЬЕ СТРАСТНОГО ВРЕМЕНИ LAETARE
(Возвеселитесь с Иерусалимом. Ис. 66,10)

Если пшеничное зерно, пав в землю, не умрет, то останется одно; а если умрет, то принесет много плода.

Ин. 12,24

Псалом: 83,6–8.12 фиолетовый или розовый
Послание: 2 Кор. 1,3–7
Евангелие: Ин. 12,20–24
ВЗ: Ис. 54,7–10 Проповедь: Лк. 22,54–62

---

11 понедельник

Иаков пробудился от сна своего, убоялся и сказал: как страшно сие место! это не иное что, как дом Божий, это врата небесные.

Быт. 28,16.17

Всё, делающееся явным, свет есть. Посему сказано: «встань, спящий, и воскресни из мертвых, и осветит тебя Христос».

Еф. 5,13–14

☼ Ин. 6,26–29 ⊙ Мк. 12,28–34

12 вторник

Не замышляй против ближнего твоего зла, когда он без опасения живет с тобою.

Притч. 3,29

Павел пишет: Так мы, из усердия к вам, восхотели передать вам не только благовестие Божие, но и души наши, потому что вы стали нам любезны.

1 Фес. 2,8

☼ Иов 9,14–23.32–35 ⊙ Мк. 12,35–40

13 среда

Господь сказал: Я избрал Авраама для того, чтобы он заповедал сынам своим и дому своему после себя, ходить путем Господним, творя правду и суд.

Быт. 18,19

А мы знаем, что закон добр, если кто законно употребляет его.

1 Тим. 1,8

☼ Ин. 6,30–35(36) ⊙ Мк. 12,41–44

14 четверг

Господь помилует тебя, по голосу вопля твоего, и как только услышит его, ответит тебе.

Ис. 30,19

Иисус сказал Хананеянке в ответ: о, женщина! велика вера твоя; да будет тебе по желанию твоему.
Мф. 15,28

☼ 2 Кор. 4,11–28 ⊙ Мк. 13,1–13

15 пятница

Вы сыны Господа Бога вашего.
Втор. 14,1

Все вы сыны Божии по вере во Христа Иисуса.
Гал. 3,26

⊙ Ин. 16,16–23*а* ⊙ Мк. 13,14–23

16 суббота

Славьте Господа; призывайте имя Его; возвещайте в народах дела Его.
Пс. 104,1

Итак вера от слышания, а слышание от слова Божия.
Рим. 10,17

☼ Песн. 2,8–13 ⊙ Мк. 13,24–37

17 воскресенье

Я изолью воды на жаждущее и потоки на иссохшее; излию дух Мой на племя твое и благословение Мое на потомков твоих.
Ис. 44,3

Иисус возгласил: кто жаждет, иди ко Мне и пей.
Ин. 7,37

ПЯТОЕ ВОСКРЕСЕНЬЕ СТРАСТНОГО ВРЕМЕНИ – JUDICA
(Суди меня, Боже. Пс. 42,1)

Сын Человеческий не для того пришел, чтобы Ему служили, но чтобы послужить и отдать душу Свою для искупления многих.
Мф. 20,28

Псалом: 42,1*б*.2*б*–4*а* фиолетовый
Послание: Евр. 5,(1–6)7–9(10)
Евангелие: Мк. 10,35–45
Проповедь/ВЗ: Быт. 22,1–14(15–19)

18 понедельник

Горе тем, которые пишут жестокие решения, чтобы устранить бедных от правосудия и похитить права у малосильных.
Ис. 10,1.2

Во всём, как хотите, чтобы с вами поступали люди, так поступайте и вы с ними.
Мф. 7,12

☼ Ин. 1,29–34 ⊙ Мк. 14,1–11

19 вторник

Прибежище твое Бог древний.
Втор. 33,27

Да не смущается сердце ваше; веруйте в Бога, и в Меня веруйте. В доме Отца Моего обителей много.

Ин. 14,1–2

☼ Иов 19,21–27 ⊙ Мк. 14,12–16

20 среда

Что воздам Господу за все благодеяния Его ко мне?

Пс. 115,3

Один же из прокаженных, видя, что исцелен, возвратился, громким голосом прославляя Бога, и пал ниц к ногам Его, благодаря Его; и это был Самарянин.

Лк. 17,15–16

☼ Плач 3,1–8.14–20 ⊙ Мк. 14,17–26

21 четверг

Господь дает мудрость мудрым и разумение разумным.

Дан. 2,21

Христос Иисус сделался для нас премудростью от Бога, праведностью и освящением и искуплением, чтобы было, как написано: хвалящийся хвались Господом.

1 Кор. 1,30–31

☼ Иер. 15,15–21 ⊙ Мк. 14,27–31

22 пятница

В начале Ты, основал землю, и небеса – дело Твоих рук.
Пс. 101,26

Во Христе создано всё, что на небесах и что на земле, видимое и невидимое.
Кол. 1,16

☼ Евр. 10,1.11–18 ⊙ Мк. 14,32–42

23 суббота

Может ли человек сделать себе богов?
Иер. 16,20

Умертвите земные члены ваши: блуд, нечистоту, страсть, злую похоть и любостяжание, которое есть идолослужение.
Кол. 3,5

☼ Откр. 14,1–3(4.5) ⊙ Мк. 14,43–52

24 воскресенье

Если Ты, Господи, благословишь, то будет он благословен вовек.
1 Пар. 17,27

Тогда скажет Царь тем, которые по правую сторону Его: приидите, благословенные Отца Моего, наследуйте Царство, уготованное вам от создания мира.
Мф. 25,34

ВЕРБНОЕ ВОСКРЕСЕНЬЕ – PALMARUM
(Взяли пальмовые ветви. Ин. 12,13)

Должно вознесену быть Сыну Человеческому, дабы всякий, верующий в Него, не погиб, но имел жизнь вечную.
Ин. 3,14.15

Псалом: 68,17–19.30–31.33 фиолетовый
Проповедь/Послание: Флп. 2,5–11
Евангелие: Ин. 12,12–19
ВЗ: Ис. 50,4–9

25 понедельник

Жив Господь, – что скажет мне Бог мой, то изреку я.
2 Пар. 18,13

Проповедуй слово, настой во время и не во время.
2 Тим. 4,2

☼ Мф. 26,6–13 ⊙ Мк. 14,53–65

ПРАЗДНИК БЛАГОВЕЩЕНИЯ
Псалом: 1 Цар. 2,1–2.4.7 белый
Послание: Гал. 4,4–7
Евангелие: Лк. 1,26–38
ВЗ: Ис. 7,10-16

26 вторник

Господь открыл в море дорогу, в сильных водах стезю.
Ис. 43,16

Иисус говорит: Когда пойду и приготовлю вам место, приду опять и возьму вас к Себе, чтобы и вы были, где Я. А куда Я иду, вы знаете, и путь знаете.
Ин. 14,3–4

☼ Иов 38,1–11(40,1–5) ⊙ Мк. 14,66–72

27 среда

Господь стоит одесную бедного, чтобы спасти его от судящих душу его.
Пс. 108,31

Послушайте, братия мои возлюбленные: не бедных ли мира избрал Бог быть богатыми верою и наследниками Царствия, которое Он обещал любящим Его?
Иак. 2,5

☼ Лк. 22,1–6 ⊙ Мк. 15,1–15

28 четверг

Праведность возвышает народ, а беззаконие – бесчестие народов.
Притч. 14,34

Иисус пошел по обыкновению на гору Елеонскую, за Ним последовали и ученики Его. Придя же на место, сказал им: молитесь, чтобы не впасть в искушение.
Лк. 22,39–40

⊙ Мк. 15,16–23

ВЕЛИКИЙ ЧЕТВЕРГ
ДЕНЬ УСТАНОВЛЕНИЯ ПРИЧАСТИЯ

Памятными соделал Он чудеса Свои; милостив и щедр Господь.

Пс. 110,4

Псалом: 110,1–2.4–6.9 белый
Послание: 1 Кор. 11,(17–22)23–26(27–29.33–34*а*)
Проповедь/Евангелие: Ин. 13,1–15.34–35
ВЗ: Исх. 12,1–4(5)6–8(9)10–14

29 пятница

Нарек Иаков имя месту, на котором Бог говорил ему: Вефиль – *«дом Божий»*.

Быт. 35,15

Сотник же и те, которые с ним стерегли Иисуса, видя землетрясение и всё бывшее, устрашились весьма и говорили: воистину Он был Сын Божий.

Мф. 27,54

⊙ Мк. 15,24–41

СТРАСТНАЯ ПЯТНИЦА

Ибо так возлюбил Бог мир, что отдал Сына Своего Единородного, дабы всякий, верующий в Него, не погиб, но имел жизнь вечную.

Ин. 3,16

Псалом: 21,2–5.12.20 фиолетовый или черный
Послание: 2 Кор. 5,(14б–18)19–21
Евангелие: Ин. 19,16–30
ВЗ: Ис. 52,13–15; 53,1–12 Проповедь: Мф. 27,33–54

30 суббота

Господь медлит, чтобы помиловать вас.
Ис. 30,18

Ибо не послал Бог Сына Своего в мир, чтобы судить мир, но чтобы мир спасен был чрез Него.
Ин. 3,17

☼ 1 Петр. 3,18–22 ⊙ Мк. 15,42–47

31 воскресенье

Мрак сделаю светом пред ними, и кривые пути – прямыми.
Ис. 42,16

Иисус взяв хлеб, благословил, преломил и подал им. Тогда открылись у них глаза, и они узнали Его.
Лк. 24,30–31

⊙ Мк. 16,1–8

ПАСХА – ВОСКРЕСЕНИЕ ГОСПОДНЕ

Христос говорит: Я был мертв, и се, жив во веки веков, аминь; и имею ключи ада и смерти.
Откр. 1,18

Псалом: 117,15.17.22–24 белый
Послание: 1 Кор. 15,1–11
Евангелие: Мк. 16,1–8
Проповедь/ВЗ: 1 Цар. 2,1–8*а*

Апрель

Будьте всегда готовы всякому, требующему у вас отчета в вашем уповании, дать ответ. 1 Петр. 3,15

1 понедельник

Научитесь делать добро, ищите правды, спасайте угнетенного.

Ис. 1,17

Агав предвозвестил Духом, что по всей вселенной будет великий голод, который и был при кесаре Клавдии. Тогда ученики в Антиохии положили послать пособие братьям, живущим в Иудее.

Деян. 11,28–29

⊙ Мк. 16,9–20

ПАСХАЛЬНАЯ НЕДЕЛЯ

Христос говорит: Я был мертв, и се, жив во веки веков, аминь; и имею ключи ада и смерти.

Откр. 1,18

Псалом: 117,15.17.22–24 белый
Проповедь/Послание: 1 Кор. 15,50–58
Евангелие: Лк. 24,13–35
ВЗ: Ис. 25,6–9

---

2 вторник

Я живу на высоте небес и во святилище, и также с сокрушенными и смиренными духом, чтобы оживлять дух смиренных и оживлять сердца сокрушенных.

Ис. 57,15

Ученики удерживали Иисуса, говоря: останься с нами, потому что день уже склонился к вечеру. И Он вошел и остался с ними.
Лк. 24,29

☼ Ин. 20,1–10 ⊙ 1 Петр. 1,1–12

3 среда

И узнают, что Я Господь, когда сокрушу связи ярма их и освобожу их.
Иез. 34,27

И отрет Бог всякую слезу с очей их, и смерти не будет уже; ни плача, ни вопля, ни болезни уже не будет, ибо прежнее прошло.
Откр. 21,4

☼ Ин. 20,11–18 ⊙ 1 Петр. 1,13–16

4 четверг

Я Господь, и нет иного. Я образую свет и творю тьму, делаю мир и произвожу бедствия; Я, Господь, делаю всё это.
Ис. 45,6–7

Я был мертв, и се, жив во веки веков, аминь; и имею ключи ада и смерти.
Откр. 1,18

☼ Ин. 21,1–14 ⊙ 1 Петр. 1,17–21

5 пятница

Я вспомню союз Мой с тобою во дни юности твоей, и восстановлю с тобою вечный союз.
Иез. 16,60

Он дал нам способность быть служителями Нового Завета, не буквы, но духа.
2 Кор. 3,6

☼ Лк. 24,36–47 ⊙ 1 Петр. 1,22–2,3

6 суббота

Язык мой будет проповедывать правду Твою и хвалу Твою всякий день.
Пс. 34,28

Слово Христово да вселяется в вас обильно, со всякою премудростью; научайте и вразумляйте друг друга псалмами, славословием и духовными песнями, во благодати воспевая в сердцах ваших Господу.
Кол. 3,16

☼ Лк. 24,1–12 ⊙ 1 Петр. 2,4–10

7 воскресенье

И сказали сыны Израилевы Господу: согрешили мы; делай с нами всё, что Тебе угодно, только избавь нас ныне.
Суд. 10,15

Мытарь же, стоя вдали, не смел даже поднять глаз на небо; но, ударяя себя в грудь, говорил: Боже! будь милостив ко мне грешнику!

Лк. 18,13

ПЕРВОЕ ВОСКРЕСЕНЬЕ ПОСЛЕ ПАСХИ – QUASIMODOGENITI

(Как новорожденные младенцы. 1 Петр. 2,2)

Благословен Бог и Отец Господа нашего Иисуса Христа, по великой Своей милости возродивший нас воскресением Иисуса Христа из мертвых к упованию живому.

1 Петр. 1,3

Псалом: 114,3.8–9;115,4 белый

Послание: 1 Петр. 1,3–9

Проповедь/Евангелие: Ин. 20,19–20(21–23)24–29

ВЗ: Ис. 40,26–31

---

8 понедельник

Блажен муж, боящийся Господа и крепко любящий заповеди Его.

Пс. 111,1

Христос оставил нам пример, дабы мы шли по следам Его.

1 Петр. 2,21

☼ 1 Ин. 5,1–5 ⊙ 1 Петр. 2,11–17

9 вторник

Разве Я хочу смерти беззаконника? говорит Господь Бог. Не того ли, чтобы он обратился от путей своих и был жив?

Иез. 18,23

Возмездие за грех – смерть, а дар Божий – жизнь вечная во Христе Иисусе, Господе нашем.

Рим. 6,23

☼ Иов 42,7–13(14–17) ⊙ 1 Петр. 2,18–25

10 среда

Я Господь, Бог твой, Святый Израилев, Спаситель твой.

Ис. 43,3

И был из облака глас, глаголющий: Сей есть Сын Мой Возлюбленный, Его слушайте. Когда был глас сей, остался Иисус один.

Лк. 9,35–36

☼ Ис. 66,6–13(14) ⊙ 1 Петр. 3,1–7

11 четверг

Я Сам – Утешитель ваш. Кто ты, что боишься человека, который умирает?

Ис. 51,12

Будьте всегда готовы всякому, требующему у вас отчета в вашем уповании, дать ответ.
1 Петр. 3,15

☼ 1 Петр. 2,1–10 ⊙ 1 Петр. 3,8–12

12 пятница

Я восстановлю союз Мой с тобою, и узнаешь, что Я Господь.
Иез. 16,62

Помилование зависит не от желающего и не от подвизающегося, но от Бога милующего.
Рим. 9,16

☼ Откр. 7,13–17 ⊙ 1 Петр. 3,13–17

13 суббота

Бог живой избавляет и спасает.
Дан. 6,27

Уже не я живу, но живет во мне Христос. А что ныне живу во плоти, то живу верою в Сына Божия, возлюбившего меня и предавшего Себя за меня.
Гал. 2,20

☼ Деян. 8,26–39 ⊙ 1 Петр. 3,18–22

14 воскресенье

Бог препоясывает меня силою.

Пс. 17,33

Немощное Божие сильнее человеков.

1 Кор. 1,25

ВТОРОЕ ВОСКРЕСЕНЬЕ ПОСЛЕ ПАСХИ – MISERICORDIAS DOMINI

(Милости Господней полна земля. Пс. 32,5)

Христос говорит: Я есмь пастырь добрый. Овцы Мои слушаются голоса Моего, и Я знаю их; и они идут за Мною. и Я даю им жизнь вечную.

Ин. 10,11*а*.27–28*а*

Псалом: 22,1–4 — белый

Послание: 1 Петр. 2,21*б*–25

Евангелие: Ин. 10,11–16(27–30)

ВЗ: Иез. 34,1–2(3–9)10–16.31 — Проповедь: Быт. 16,1–16

---

15 понедельник

Амос сказал: Господи Боже! пощади; как устоит Иаков? он очень мал. И пожалел Господь о том; «не будет сего», сказал Господь.

Ам. 7,2–3

Иисус сказал: Симон! Симон! се, сатана просил, чтобы сеять вас как пшеницу, но Я молился о тебе, чтобы не оскудела вера твоя.

Лк. 22,31–32

☼ Ин. 10,1–10 — ⊙ 1 Петр. 4,1–11

16 вторник

Бог мой просвещает тьму мою.

Пс. 17,29

По благоутробному милосердию Бога нашего, которым посетил нас Восток свыше, просветить сидящих во тьме и тени смертной, направить ноги наши на путь мира.

Лк. 1,78–79

☼ Мф. 9,35–10,1 ⊙ 1 Петр. 4,12–19

17 среда

Благослови, душа моя, Господа, и вся внутренность моя – святое имя Его.

Пс. 102,1

Благословен Бог и Отец Господа нашего Иисуса Христа, по великой Своей милости возродивший нас воскресением Иисуса Христа из мертвых к упованию живому.

1 Петр. 1,3

☼ Ин. 17,20–26 ⊙ 1 Петр. 5,1–7

18 четверг

Веселись и радуйся, жительница Сиона, ибо велик посреди тебя Святой Израилев.

Ис. 12,6

И Слово стало плотию, и обитало с нами; и мы видели славу Его.

Ин. 1,14

☼ Еф. 4,11–16 ⊙ 1 Петр. 5,8–14

19 пятница

И сделал Ной всё: как повелел ему Бог.

Быт. 6,22

Иисус говорит: всякого, кто слушает слова Мои сии и исполняет их, уподоблю мужу благоразумному, который построил дом свой на камне.

Мф. 7,24

☼ Иез. 34,23–31 ⊙ 1 Кор. 1,1–9

20 суббота

Я избавлю тебя, и ты не падешь от меча, и душа твоя останется у тебя вместо добычи, потому что ты на Меня возложил упование, сказал Господь.

Иер. 39,18

И сказал злодею Иисус: истинно говорю тебе, ныне же будешь со Мною в раю.

Лк. 23,43

☼ Ин. 14,1–6 ⊙ 1 Кор. 1,10–17

21 воскресенье

Кто ходит переносчиком, тот открывает тайну; но верный человек таит дело.

Притч. 11,13

Дабы истинною любовью все возращали в Того, Который есть глава Христос.

Еф. 4,15

ТРЕТЬЕ ВОСКРЕСЕНЬЕ ПОСЛЕ ПАСХИ – JUBILATE
(Воскликните Богу, вся земля. Пс. 65,1)

Кто во Христе, тот новая тварь; древнее прошло, теперь всё новое.

2 Кор. 5,17

Псалом: 65,5.7–9 белый
Послание: Деян. 17,22–34
Евангелие: Ин. 15,1–8
ВЗ: Быт. 1,1–4*а*(4*б*–25)26–28(29–30)31*а*(31*б*); 2,1–4*а*
Проповедь: 2 Кор. 4,14–18

22 понедельник

Благословен Бог, Который послал Ангела Своего и избавил рабов Своих.

Дан. 3,95

Был Иисус там в пустыне сорок дней, искушаемый сатаною, и был со зверями; и Ангелы служили Ему.

Мк. 1,13

☼ Рим. 1,18–25 ⊙ 1 Кор. 1,18–25

23 вторник

Бог! – Непорочен путь Его.

Пс. 17,31

Иисус говорит: Царствие Божие подобно тому, как если человек бросит семя в землю, и спит, и встает ночью и днем; и как семя всходит и растет, не знает он, ибо земля сама собою производит плод.

Мк. 4,26–28

☼ 1 Тим. 4,(1–3)4.5 ⊙ 1 Кор. 1,26–31

24 среда

Не бойся, ибо не будешь постыжена.

Ис. 54,4

Ангел же, обратив речь к женщинам, сказал: не бойтесь, ибо знаю, что вы ищете Иисуса распятого; Его нет здесь – Он воскрес.

Мф. 28,5–6

☼ Ин. 8,31–36 ⊙ 1 Кор. 2,1–5

25 четверг

От Господа спасение. Над народом Твоим благословение Твое.

Пс. 3,9

Иисус, подняв руки Свои, благословил их.
Лк. 24,50

☼ Рим. 8,7–11 ⊙ 1 Кор. 2,6–16

ДЕНЬ СВ. ЕВАНГЕЛИСТА МАРКА
Послание: Деян. 15,36–41 красный
Евангелие: Лк. 10,1–9
ВЗ: Иез. 1,4–14

26 пятница

Бойся Бога и заповеди Его соблюдай, потому что в этом всё для человека.
Еккл. 12,13

Иисус говорит: первая из всех заповедей: слушай, Израиль! Господь Бог наш есть Господь единый; и возлюби Господа Бога твоего всем сердцем твоим, и всею душею твоею, и всем разумением твоим, и всею крепостию твоею, – вот первая заповедь! Вторая подобная ей: возлюби ближнего твоего, как самого себя. Иной большей сих заповеди нет.
Мк. 12,29–31

☼ Ин. 19,1–7 ⊙ 1 Кор. 3,1–4

27 суббота

Говоришь: «так как я невинна, то верно гнев Его отвратится от меня». Вот, Я буду судиться с тобою за то, что говоришь: «я не согрешила».

Иер. 2,35

Помяни меня, Господи, когда приидешь в Царствие Твое!
Лк. 23,42

☼ Откр. 22,1–5 ⊙ 1 Кор. 3,5–8

28 воскресенье

Утверди сердце мое в страхе имени Твоего.
Пс. 85,11

Бог превознес Иисуса Христа и дал Ему имя выше всякого имени, дабы пред именем Иисуса преклонилось всякое колено небесных, земных и преисподних, и всякий язык исповедал, что Господь Иисус Христос в славу Бога Отца.
Флп. 2,9–11

ЧЕТВЕРТОЕ ВОСКРЕСЕНЬЕ ПОСЛЕ ПАСХИ – CANTATE
(Воспойте Господу новую песнь. Пс. 97,1)

Воспойте Господу новую песнь, ибо Он сотворил чудеса.
Пс. 97,1

Псалом: 97,1*б*–4 белый
Послание: Кол. 3,12–17
Евангелие: Лк. 19,37–40
ВЗ: 1 Цар. 16,14–23 Проповедь: Откр. 15,2–4

---

29 понедельник

Праведен Господь, ибо я непокорен был слову Его.
Плач 1,18

А как вам кажется? У одного человека было два сына; и он, подойдя к первому, сказал: сын! пойди сегодня работай в винограднике моем. Но он сказал в ответ: не хочу; а после, раскаявшись, пошел.

Мф. 21,28–29

☼ Притч. 8,22–32(33–36) ⊙ 1 Кор. 3,9–17

30 вторник

Вспомни щедроты Твои, Господи, и милости Твои, ибо они от века.

Пс. 24,6

Когда же явилась благодать и человеколюбие Спасителя нашего, Бога, Он спас нас не по делам праведности, которые бы мы сотворили, а по Своей милости, банею возрождения и обновления Святым Духом.

Тит 3,4–5

☼ Рим. 15,14–21 ⊙ 1 Кор. 3,18–23

Май

Всё мне позволительно, но не всё полезно; всё мне позволительно, но ничто не должно обладать мною.

1 Кор. 6,12

1 среда

Я с тобою, говорит Господь, чтобы спасать тебя.
Иер. 30,11

Как Сам Он претерпел, быв искушен, то может и искушаемым помочь.
Евр. 2,18

☼ Мф. 11,25–30 ⊙ 1 Кор. 4,1–5

2 четверг

Господь говорит: если бы народ Мой слушал Меня!
Пс. 80,14

Пребывайте тверды и непоколебимы в вере и не отпадайте от надежды благовествования, которое вы слышали.
Кол. 1,23

☼ 1 Кор. 14,6–9.15–19 ⊙ 1 Кор. 4,6–13

3 пятница

Не злословь глухого и пред слепым не клади ничего, чтобы преткнуться ему; бойся Бога твоего.
Лев. 19,14

Иисус говорит: будьте милосерды, как и Отец ваш милосерд.
Лк. 6,36

☼ Откр. 5,11–14 ⊙ 1 Кор. 4,14–21

4 суббота

До сытости будете есть и насыщаться и славить имя Господа Бога вашего.

Иоиль 2,26

Иисус взял пять хлебов и две рыбы, воззрев на небо, благословил и преломил хлебы и дал ученикам Своим, чтобы они раздали им; и две рыбы разделил на всех. И ели все, и насытились.

Мк. 6,41–42

☼ Ин. 6,(60–62)63–69 ⊙ 1 Кор. 5,1–8

5 воскресенье

Как лань желает к потокам воды, так желает душа моя к Тебе, Боже!

Пс. 41,2

Умножь в нас веру.

Лк. 17,5

ПЯТОЕ ВОСКРЕСЕНЬЕ ПОСЛЕ ПАСХИ – ROGATE
(Просите. Ин. 16,24)

Благословен Бог, Который не отверг молитвы моей и не отвратил от меня милости Своей.

Пс. 65,20

Псалом: 94,1–2.6–7*а* белый
Послание: 1 Тим. 2,1–6*а*
Евангелие: Лк. 11,1–4(5–13) Проповедь/ВЗ: Исх. 32,7–14

---

6 понедельник

Господь укрыл бы меня в скинии Своей в день бедствия, скрыл бы меня в потаенном месте селения Своего.
Пс. 26,5

Верен Господь, Который утвердит вас и сохранит от лукавого.
2 Фес. 3,3

☼ Мк. 1,32–39 ⊙ 1 Кор. 5,9–13

7 вторник

С Сиона, который есть верх красоты, является Бог, грядет Бог наш, и не в безмолвии.
Пс. 49,2–3

Книжник сказал Иисусу: хорошо, Учитель! истину сказал Ты, что один есть Бог и нет иного, кроме Его.
Мк. 12,32

☼ Лк. 18,1–8 ⊙ 1 Кор. 6,1–11

8 среда

Господь вложил в уста мои новую песнь – хвалу Богу нашему.
Пс. 39,4

Обновитесь духом ума вашего.
Еф. 4,23

☼ Ин. 14,7–14 ⊙ 1 Кор. 6,12–20

9 четверг

Обрадовал их Господь.

Езд. 6,22

Всегда радуйтесь.

1 Фес. 5,16

⊙ Флп. 2,5–11

ВОЗНЕСЕНИЕ ХРИСТОВО

Христос говорит: Когда Я вознесен буду от земли, всех привлеку к Себе.

Ин. 12,32

Псалом: 46,2.6.8–9 белый
Проповедь/Послание: Деян. 1,3–11
Евангелие: Лк. 24, (44–49)50–53
ВЗ: 3 Цар. 8,22–24.26–28

---

10 пятница

Господь говорит: призрю на вас, и плодородными сделаю вас, и размножу вас, и буду тверд в завете Моем с вами.

Лев. 26,9

Из Христа всё тело получает приращение для созидания самого себя в любви.

Еф. 4,16

☼ Ин. 18,33–38 ⊙ 1 Кор. 7,1–16

11 суббота

Бог причиняет раны и Сам обвязывает их; Он поражает, и Его же руки врачуют.
Иов 5,18

Ибо всё из Него, Им и к Нему. Ему слава во веки, аминь.
Рим. 11,36

☼ Еф. 1,15–23 ⊙ 1 Кор. 7,17–24

12 воскресенье

Ты испытал нас, Боже, переплавил нас, как переплавляют серебро.
Пс. 65,10

Иисус говорит ему в третий раз: Симон Ионин! любишь ли ты Меня? Петр опечалился, что в третий раз спросил его: любишь ли Меня? и сказал Ему: Господи! Ты всё знаешь; Ты знаешь, что я люблю Тебя. Иисус говорит ему: паси овец Моих.
Ин. 21,17

ШЕСТОЕ ВОСКРЕСЕНЬЕ ПОСЛЕ ПАСХИ – EXAUDI
(Услышь, Господи, голос мой. Пс. 26,7)

Христос говорит: когда Я вознесен буду от земли, всех привлеку к Себе.
Ин. 12,32

Псалом: 26,1.8–9*б* белый
Послание: Еф. 3,14–21
Проповедь/Евангелие: Ин. 16,5–15
ВЗ: Иер. 31,31–34

---

13 понедельник

Удержи голос твой от рыдания и глаза твои от слез, ибо есть награда за труд твой, говорит Господь.

Иер. 31,16

Иисус говорит: Так и вы теперь имеете печаль; но Я увижу вас опять, и возрадуется сердце ваше, и радости вашей никто не отнимет у вас.

Ин. 16,22

☼ Иез. 11,14–20 ⊙ 1 Кор. 7,25–40

14 вторник

Рука Бога нашего для всех прибегающих к Нему есть благодеющая, а на всех оставляющих Его – могущество Его и гнев Его!

Езд. 8,22

Тогда Иисус сказал двенадцати: не хотите ли и вы отойти?

Ин. 6,67

☼ Ис. 41,8–14(17–20) ⊙ 1 Кор. 8,1–6

15 среда

Господи! Будь нашею мышцею с раннего утра и спасением нашим во время тесное.

Ис. 33,2

Сии облеченные в белые одежды кто, и откуда пришли? Это те, которые пришли от великой скорби; они омыли

одежды свои и убелили одежды свои Кровию Агнца. Они не будут уже ни алкать, ни жаждать.
Откр. 7,13.14.16

☼ Ис. 32,11–18 ⊙ 1 Кор. 8,7–13

16 четверг

Ты напояешь горы с высот Твоих, плодами дел Твоих насыщается земля.
Пс. 103,13

И когда насытились, то сказал Иисус ученикам Своим: соберите оставшиеся куски, чтобы ничего не пропало. И собрали, и наполнили двенадцать коробов кусками от пяти ячменных хлебов, оставшимися у тех, которые ели.
Ин. 6,12–13

☼ Деян. 1,12–26 ⊙ 1 Кор. 9,1–18

17 пятница

Пришельца не обижай: вы знаете душу пришельца, потому что сами были пришельцами в земле Египетской.
Исх. 23,9

Тогда праведники скажут Ему в ответ: Господи! когда мы видели Тебя странником, и приняли? И Царь скажет им в ответ: истинно говорю вам: так как вы сделали это одному из сих братьев Моих меньших, то сделали Мне.
Мф. 25,37.38.40

☼ Ин. 19,25–27 ⊙ 1 Кор. 9,19–23

18 суббота

И сказал Господь: Я увидел страдание народа Моего в Египте и услышал вопль его от приставников его.
Исх. 3,7

Если брат или сестра наги и не имеют дневного пропитания, а кто-нибудь из вас скажет им: «идите с миром, грейтесь и питайтесь», но не даст им потребного для тела: что пользы?
Иак. 2,15–16

☼ Зах. 4,1–14 ⊙ 1 Кор. 9,24–27

19 воскресенье

Пусть, как вода, течет суд, и правда – как сильный поток!
Ам. 5,24

Когда же приидет Он, Дух истины, то наставит вас на всякую истину: ибо не от Себя говорить будет, но будет говорить, что услышит, и будущее возвестит вам.
Ин. 16,13

⊙ Еф. 1,3–14

ПЯТИДЕСЯТНИЦА
ПРАЗДНИК СОШЕСТВИЯ СВЯТОГО ДУХА

Не воинством и не силою, но Духом Моим, говорит Господь Саваоф.
Зах. 4,6

Псалом: 117,24–26*а*.27.29 красный
Послание: Деян. 2,1–21

Евангелие: Ин. 14,15–19(20–23*а*)23*б*–27
ВЗ: Быт. 11,1–9 Проповедь: Иез. 37,1–14

20 понедельник

Так говорит Господь: небо – престол Мой, а земля – подножие ног Моих; где же построите вы дом для Меня?
Ис. 66,1

Разве не знаете, что вы храм Божий, и Дух Божий живет в вас?
1 Кор. 3,16

НЕДЕЛЯ ПОСЛЕ ПЯТИДЕСЯТНИЦЫ

Не воинством и не силою, но Духом Моим, говорит Господь Саваоф.
Зах. 4,6

Псалом: 117,24–26*а*.27.29 красный
Послание: 1 Кор. 12,4–11
Евангелие: Ин. 20,19–23
ВЗ: Числ. 11,11.14–17.24(26–30)
Проповедь: Еф. 4,(1–6)11–15(16)

21 вторник

Я, Господь, хранитель виноградника, в каждое мгновение напояю его; ночью и днем стерегу его, чтобы кто не ворвался в него.
Ис. 27,3

Верен Бог, Который не попустит вам быть искушаемыми сверх сил, но при искушении даст и облегчение, так чтобы вы могли перенести.

1 Кор. 10,13

☼ Деян. 4,23–31 ⊙ 1 Кор. 10,1–13

22 среда

Избавление послал Он народу Своему; заповедал на веки завет Свой.

Пс. 110,9

Иисус Христос есть умилостивление за грехи наши, и не только за наши, но и за грехи всего мира.

1 Ин. 2,2

☼ Деян. 8,(9–11)12–25 ⊙ 1 Кор. 10,14–22

23 четверг

Народ, ходящий во тьме, увидит свет великий; на живущих в стране тени смертной свет воссияет.

Ис. 9,2

Увидев же звезду, волхвы возрадовались радостью весьма великою, и, войдя в дом, увидели Младенца с Мариею, Матерью Его, и, пав, поклонились Ему.

Мф. 2,10–11

☼ Деян. 11,1–18 ⊙ 1 Кор. 10,23–11,1

24 пятница

Не будет того, чтобы мы оставили Господа!
Нав. 24,16

Симон Петр отвечал Ему: Господи! к кому нам идти? Ты имеешь глаголы вечной жизни.
Ин. 6,68

☼ Деян. 11,19–26 ⊙ 1 Кор. 11,2–16

25 суббота

Господи! помилуй меня, исцели душу мою, ибо согрешил я пред Тобою.
Пс. 40,5

Павел пишет: Я наименьший из Апостолов, и недостоин называться Апостолом, потому что гнал церковь Божию. Но благодатию Божиею есмь то, что есмь; и благодать Его во мне не была тщетна.
1 Кор. 15,9–10

☼ Деян. 18,1–11 ⊙ 1 Кор. 11,17–26

26 воскресенье

Господи, Ты видишь, ибо Ты взираешь на обиды и притеснения, чтобы воздать Твоею рукою.
Пс. 9,35

Иисус, увидев скорченную женщину, подозвал и сказал ей: женщина! ты освобождаешься от недуга твоего. И возло-

жил на нее руки, и она тотчас выпрямилась и стала славить Бога.
Лк. 13,12–13

ТРОИЦА – ПРАЗДНИК СВЯТОГО ТРИЕДИНСТВА

Благодать Господа нашего Иисуса Христа, и любовь Бога Отца, и общение Святого Духа со всеми вами.
2 Кор. 13,13

Псалом: 144,1.3–4.13 белый
Послание: Рим. 11,(32)33–36
Евангелие: Ин. 3,1–8(9–13)
ВЗ: Ис. 6,1–8(9–13) Проповедь: Еф. 1,3–14

27 понедельник

С Богом мы окажем силу.
Пс. 59,14

Итак умоляю вас, братия, милосердием Божиим, представьте тела ваши в жертву живую, святую, благоугодную Богу, для разумного служения вашего.
Рим. 12,1

☼ Исх. 3,13–20 ⊙ 1 Кор. 11,27–34

28 вторник

Ухо слышащее и глаз видящий – и то и другое создал Господь.
Притч. 20,12

Филипп подошел и, услышав, что муж читает пророка Исаию, сказал: разумеешь ли, что читаешь? Ефиоплянин сказал: как могу разуметь, если кто не наставит меня? и попросил Филиппа взойти и сесть с ним в колесницу.
Деян. 8,30–31

☼ Ис. 43,8–13 ⊙ 1 Кор. 12,1–11

29 среда

Моисей сказал: положите на сердце ваше все слова, которые я объявил вам сегодня. Ибо это не пустое для вас, но это жизнь ваша.
Втор. 32,46.47

Дух животворит; плоть не пользует нимало. Слова, которые говорю Я вам, суть дух и жизнь.
Ин. 6,63

☼ Ис. 57,14–16 ⊙ 1 Кор. 12,12–26

30 четверг

Когда возвращал Господь плен Сиона, мы были как бы видящие во сне.
Пс. 125,1

Любовь никогда не перестает, хотя и пророчества прекратятся, и языки умолкнут, и знание упразднится. Теперь мы видим как бы сквозь тусклое стекло, гадательно, тогда же лицом к лицу.
1 Кор. 13,8.12

☼ 2 Петр. 1,16–21 ⊙ 1 Кор. 12,27–31

31 пятница

К Нему придут и устыдятся все, враждовавшие против Господа.

Ис. 45,24

Опять первосвященник спросил Его и сказал Ему: Ты ли Христос, Сын Благословенного? Иисус сказал: Я; и вы узрите Сына Человеческого, сидящего одесную силы и грядущего на облаках небесных.

Мк. 14,61–62

☼ Евр. 2,(1–4)5–10 ⊙ 1 Кор. 13,1–7

Июнь

Моисей сказал: не бойтесь, стойте – и увидите спасение Господне, которое Он соделает вам ныне. Исх. 14,13

1 суббота

Я изливаю душу мою пред Господом.

1 Цар. 1,15

Став позади у ног Иисуса и плача, женщина начала обливать ноги Его слезами и отирать волосами головы своей, и целовала ноги Его, и мазала миром.

Лк. 7,38

☼ Еф. 4,1–6 ⊙ 1 Кор. 13,8–13

2 воскресенье

Благость и милость да сопровождают меня во все дни жизни моей, и я пребуду в доме Господнем многие дни.

Пс. 22,6

И каждый день единодушно пребывали в храме и, преломляя по домам хлеб, принимали пищу в веселии и простоте сердца, хваля Бога и находясь в любви у всего народа.

Деян. 2,46–47

ПЕРВОЕ ВОСКРЕСЕНЬЕ ПОСЛЕ ТРОИЦЫ

Слушающий вас Меня слушает, и отвергающийся вас Меня отвергается.

Лк. 10,16

Псалом: 118,153–154.174–175 зеленый
Послание: 1 Ин. 4,(13–16*а*)16*б*–21
Евангелие: Лк. 16,19–31 Проповедь/ВЗ: Иер. 23,16–29

3 понедельник

Господи, Ты один Бог всех царств земли, Ты сотворил небо и землю.
4 Цар. 19,15

Здесь нет различия между Иудеем и Еллином, потому что один Господь у всех, богатый для всех, призывающих Его.
Рим. 10,12

☼ Рим. 12,9–16 ⊙ 1 Кор. 14,1–11

4 вторник

Господь сказал: Сам Я пойду, и введу тебя в покой.
Исх. 33,14

Посему для народа Божия еще остается субботство.
Евр. 4,9

☼ Лк. 6,27–35 ⊙ 1 Кор. 14,12–25

5 среда

Когда изнемогла во мне душа моя, я вспомнил о Господе, и молитва моя дошла до Тебя.
Иона 2,8

Не заботьтесь ни о чем, но всегда в молитве и прошении с благодарением открывайте свои желания пред Богом.
Флп. 4,6

☼ Ин. 12,1–8 ⊙ 1 Кор. 14,26–33*а*

6 четверг

Не бойся, ибо Я с тобою.

Ис. 43,5

Господь же в видении ночью сказал Павлу: не бойся, но говори и не умолкай, ибо Я с тобою, и никто не сделает тебе зла.

Деян. 18,9–10

☼ Ин. 21,15–19 ⊙ 1 Кор. 14,33б–40

7 пятница

Господь говорит: Вот, Я посылаю пред тобою Ангела хранить тебя на пути и ввести тебя в то место, которое Я приготовил.

Исх. 23,20

Когда же волхвы отошли, – се, Ангел Господень является во сне Иосифу и говорит: встань, возьми Младенца и Матерь Его и беги в Египет, и будь там, доколе не скажу тебе, ибо Ирод хочет искать Младенца, чтобы погубить Его.

Мф. 2,13

☼ Ин. 15,9–17 ⊙ 1 Кор. 15,1–11

8 суббота

Отец мой и мать моя оставили меня, но Господь примет меня.

Пс. 26,10

Павел пишет: Вы не презрели искушения моего во плоти моей и не возгнушались им, а приняли меня, как Ангела Божия, как Христа Иисуса.

Гал. 4,14

☼ 1 Петр. 4,7–11 ⊙ 1 Кор. 15,12–19

9 воскресенье

Не видел ли Бог путей моих, и не считал ли всех моих шагов?
Иов 31,4

Не пять ли малых птиц продаются за два ассария? и ни одна из них не забыта у Бога.
Лк. 12,6

ВТОРОЕ ВОСКРЕСЕНЬЕ ПОСЛЕ ТРОИЦЫ

Придите ко Мне все труждающиеся и обремененные, и Я успокою вас.
Мф. 11,28

Псалом: 35,6–7*a*.8–9 зеленый
Проповедь/Послание: Еф. 2,(11–16)17–22
Евангелие: Лк. 14,(15)16–24
ВЗ: Ис. 55,1–5

10 понедельник

Моисей и Аарон пришли к фараону и сказали ему: так говорит Господь: отпусти народ Мой, чтобы он совершил Мне служение.
Исх. 10,3

Итак стойте в свободе, которую даровал нам Христос, и не подвергайтесь опять игу рабства.
Гал. 5,1

☼ Притч. 9,1–10 ⊙ 1 Кор. 15,20–28

11 вторник

Радость – у миротворцев.
Притч. 12,20

Если возможно с вашей стороны, будьте в мире со всеми людьми.
Рим. 12,18

☼ Исх. 2,11–15(16–22)23–25 ⊙ 1 Кор. 15,29–34

12 среда

Ты поставил человека владыкою над делами рук Твоих; всё положил под ноги его.
Пс. 8,7

Всё мне позволительно, но не всё полезно; всё мне позволительно, но ничто не должно обладать мною.
1 Кор. 6,12

☼ Мк. 1,40–45 ⊙ 1 Кор. 15,35–49

13 четверг

Моисей сказал: Всё, что я заповедую вам, старайтесь исполнить; не прибавляй к тому и не убавляй от того.
Втор. 12,32

Иисус говорит: Мое учение – не Мое, но Пославшего Меня; кто хочет творить волю Его, тот узнает о сем учении, от Бога ли оно, или Я Сам от Себя говорю.
Ин. 7,16–17

☼ Мф. 15,29–39 ⊙ 1 Кор. 15,50–58

14 пятница

Весь народ восклицал громогласно, славя Господа за то, что положено основание дома Господня.
Езд. 3,11

Никто не может положить другого основания, кроме положенного, которое есть Иисус Христос.
1 Кор. 3,11

☼ Ин. 6,37–40(41–46) ⊙ 1 Кор. 16,1–12

15 суббота

Сейте себе в правду, и пожнете милость.
Ос. 10,12

У одного богатого человека был хороший урожай в поле; и он рассуждал сам с собою: душа! много добра лежит у тебя на многие годы: покойся, ешь, пей, веселись. Но Бог сказал ему: безумный!
Лк. 12,16–17.19–20

☼ Ин. 4,5–14(15–18) ⊙ 1 Кор. 16,13–24

16 воскресенье

Все они от Тебя ожидают, Господи, чтобы Ты дал им пищу их в свое время. Даешь им – принимают, отверзаешь руку Твою – насыщаются благом.
Пс. 103,27–28

Иисус сказал народу: Я есмь хлеб жизни; приходящий ко Мне не будет алкать, и верующий в Меня не будет жаждать никогда.
Ин. 6,35

ТРЕТЬЕ ВОСКРЕСЕНЬЕ ПОСЛЕ ТРОИЦЫ

Ибо Сын Человеческий пришел взыскать и спасти погибшее.
Лк. 19,10

Псалом: 102,8.10–12 зеленый
Послание: 1 Тим. 1,12–17
Проповедь/Евангелие: Лк. 15,1–3.11*б*–32
ВЗ: Мих. 7,18–20

---

17 понедельник

Воспойте Господу новую песнь, ибо Он сотворил чудеса.
Пс. 97,1

От полноты Его все мы приняли и благодать на благодать.
Ин. 1,16

☼ 1 Ин. 3,19–24 ⊙ Исх. 13,17–22

18 вторник

Я дал им заповеди Мои, и объявил им Мои постановления, исполняя которые человек жив был бы через них.
Иез. 20,11

Любовь Божия к нам открылась в том, что Бог послал в мир Единородного Сына Своего, чтобы мы получили жизнь через Него.
1 Ин. 4,9

☼ Лк. 7,36–50 ⊙ Исх. 14,1–14

19 среда

Послушайте Меня, народ Мой, и племя Мое, приклоните ухо ко Мне! ибо от Меня произойдет закон, и суд Мой поставлю во свет для народов.
Ис. 51,4

Симеон благословил Бога и сказал: видели очи мои спасение Твое, которое Ты уготовал пред лицем всех народов, свет к просвещению язычников и славу народа Твоего Израиля.
Лк. 2,28.30–32

☼ Ин. 5,1–16 ⊙ Исх. 14,15–31

20 четверг

Да будет сердце ваше вполне предано Господу Богу нашему.
3 Цар. 8,61

Павел пишет: забывая заднее и простираясь вперед, стремлюсь к цели, к почести вышнего звания Божия во Христе Иисусе.
Флп. 3,13–14

☼ Мф. 16,13–19 ⊙ Исх. 15,1–21

21 пятница

Не убивай.

Исх. 20,13

Иисус сказал Своим ученикам: Сия есть заповедь Моя, да любите друг друга, как Я возлюбил вас.

Ин. 15,12

☼ Гал. 3,6–14 ⊙ Исх. 15,22–27

22 суббота

Помилуй меня, Господи, ибо я немощен; исцели меня, Господи, ибо душа моя сильно потрясена.

Пс. 6,3.4

Иисус говорит: Придите ко Мне все труждающиеся и обремененные, и Я успокою вас.

Мф. 11,28

☼ Рим. 8,1–6 ⊙ Исх. 16,1–16

23 воскресенье

Буду возвещать имя Твое братьям моим.

Пс. 21,23

Возвещаю вам, братия, что Евангелие, которое я благовествовал, не есть человеческое.

Гал. 1,11

ЧЕТВЕРТОЕ ВОСКРЕСЕНЬЕ ПОСЛЕ ТРОИЦЫ

Носите бремена друг друга, и таким образом исполните закон Христов.
Гал. 6,2

Псалом: 21,24*а*.25–27*а* зеленый
Послание: Рим. 12,17–21
Евангелие: Лк. 6,36–42
ВЗ: Быт. 50,15–21 Проповедь: 1 Цар. 24,1–20

24 понедельник

Господи, да придет ко мне милосердие Твое, и я буду жить.
Пс. 118,77

Я молюсь о том, чтобы любовь ваша еще более и более возрастала в познании и всяком чувстве.
Флп. 1,9

⊙ Исх. 16,17–36

ПРАЗДНИК РОЖДЕСТВА ИОАННА КРЕСТИТЕЛЯ

Вот свидетельство Иоанна Крестителя: Ему должно расти, а мне умаляться.
Ин. 3,30

Псалом: 91,2–3.5.9 белый
Послание: Деян. 19,1–7
Евангелие: Лк. 1,(5–25)57–66.80
ВЗ: Ис. 40,1–8(9–11) Проповедь: Ин. 3,22–30

25 вторник

Послушайте Меня, жестокие сердцем, далекие от правды: Я приблизил правду Мою, она не далеко.

Ис. 46,12–13

Сердцем веруют к праведности, а устами исповедуют ко спасению.

Рим. 10,10

☼ Мф. 10,26–33 ⊙ Исх. 17,1–7

ДЕНЬ АУГСБУРГСКОГО ВЕРОИСПОВЕДАНИЯ

Никто не может положить другого основания, кроме положенного, которое есть Иисус Христос.

1 Кор. 3,11

Псалом: 45,2–3.5.8 красный
Послание: 1 Тим. 6,11–16
Евангелие: Мф. 10,26–33
ВЗ: Неем. 7,73–8,12

---

26 среда

Воспоминайте чудеса Его, которые сотворил, знамения Его и суды уст Его.

Пс. 104,5

За всё благодарите: ибо такова о вас воля Божия во Христе Иисусе.

1 Фес. 5,18

☼ Ин. 1,19–28 ⊙ Исх. 17,8–16

27 четверг

Возвысь голос твой, подобно трубе, и укажи народу Моему на беззакония его.

Ис. 58,1

Иисус начал проповедывать и говорить: покайтесь, ибо приблизилось Царство Небесное.

Мф. 4,17

☼ Лк. 3,10–18 ⊙ Исх. 18,1–12

28 пятница

На Господа уповало сердце мое, и Он помог мне, и возрадовалось сердце мое; и я прославлю Его песнью моею.

Пс. 27,7

Итак будем через Него непрестанно приносить Богу жертву хвалы, то есть плод уст, прославляющих имя Его.

Евр. 13,15

☼ Мф. 11,2–10 ⊙ Исх. 18,13–27

29 суббота

Помни Создателя твоего в дни юности твоей, доколе не пришли тяжелые дни и не наступили годы, о которых ты будешь говорить: «нет мне удовольствия в них!»

Еккл. 12,1

Встану, пойду к отцу моему и скажу ему: отче! я согрешил против неба и пред тобою и уже недостоин называться сыном твоим; прими меня в число наемников твоих.

Лк. 15,18–19

☼ Еф. 2,19–22 ⊙ Исх. 19,1–15

ДЕНЬ СВВ. АПОСТОЛОВ ПЕТРА И ПАВЛА

Никто не может положить другого основания, кроме положенного, которое есть Иисус Христос.

1 Кор. 3,11

Псалом: 21 красный
Послание: Еф. 2,19–22
Евангелие: Мф. 16,13–19

---

30 воскресенье

И дам им сердце единое, и дух новый вложу в них.

Иез. 11,19

Дал нам Бог духа не боязни, но силы и любви и целомудрия.

2 Тим. 1,7

ПЯТОЕ ВОСКРЕСЕНЬЕ ПОСЛЕ ТРОИЦЫ

Ибо благодатью вы спасены через веру, и сие не от вас, Божий дар.

Еф. 2,8

Псалом: 72,24–26.28 зеленый
Послание: 1 Кор. 1,18–25
Евангелие: Лк. 5,1–11
ВЗ: Быт. 12,1–4*а* Проповедь: 2 Кор. (11,18.23*б*–30); 12,1–10

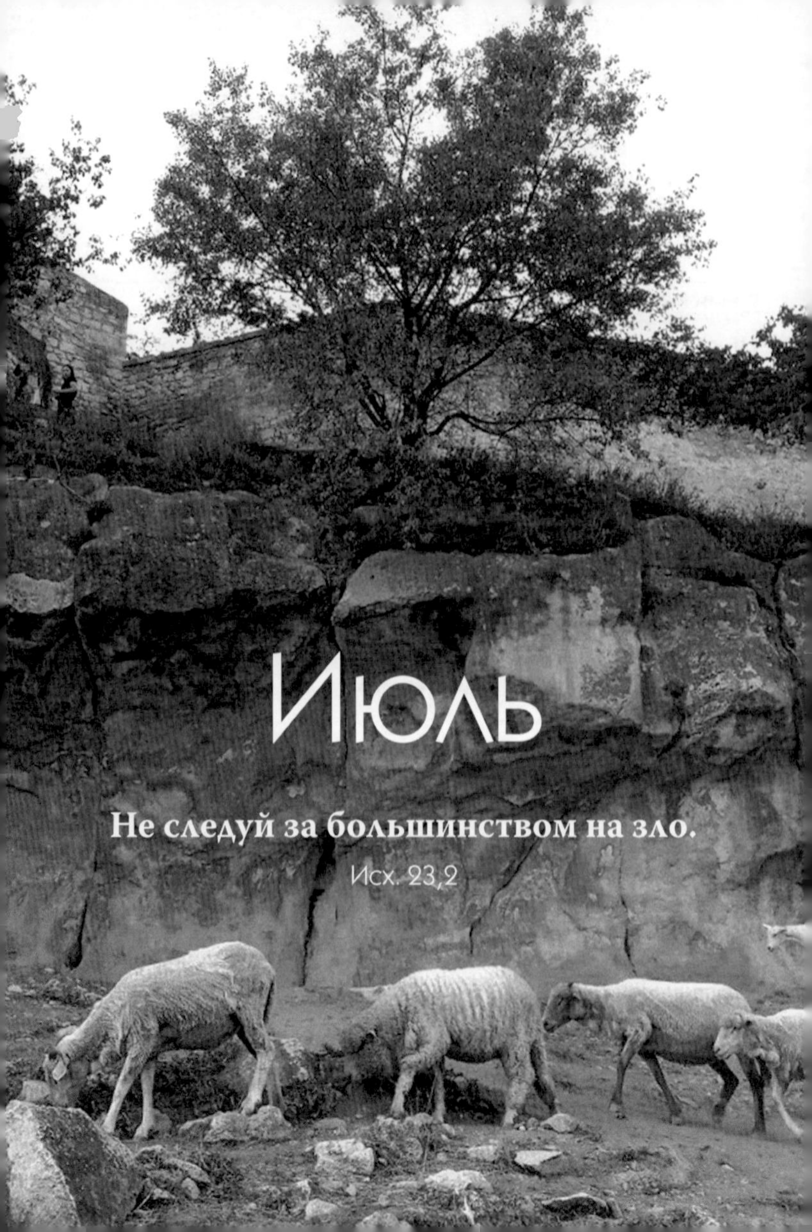

Июль

Не следуй за большинством на зло.

Исх. 23,2

1 понедельник

Славьте Господа, ибо Он благ, ибо вовек милость Его!

Пс. 105,1

И всё, что вы делаете, словом или делом, всё делайте во имя Господа Иисуса Христа, благодаря через Него Бога и Отца.

Кол. 3,17

☼ Иер. 20,7–11 ⊙ Исх. 19,16–25

2 вторник

Любящие же Господа да будут как солнце, восходящее во всей силе своей!

Суд. 5,31

Иисус говорит: Вы – свет мира. Не может укрыться город, стоящий на верху горы. Так да светит свет ваш пред людьми.

Мф. 5,14.16

☼ Иез. 2,3–8*а* ⊙ Исх. 20,1–21

ПРАЗДНИК ПОСЕЩЕНИЯ МАРИЕЙ ЕЛИСАВЕТЫ

Псалом: 1 Цар. 2,1–2.4.7 белый

Послание: 1 Тим. 3,16

Евангелие: Лк. 1,39–56

ВЗ: Ис. 11,1–5

---

3 среда

Раздирайте сердца ваши, а не одежды ваши, и обратитесь к Господу Богу вашему.
Иоиль 2,13

Вы куплены дорогою ценою. Посему прославляйте Бога в телах ваших.
1 Кор. 6,20

☼ Гал. 1,13–24 ⊙ Исх. 23,1–9

4 четверг

Блажен, кто помышляет о бедном! В день бедствия избавит его Господь.
Пс. 40,2

Не забывайте также благотворения и общительности, ибо таковые жертвы благоугодны Богу.
Евр. 13,16

☼ Деян. 15,4–12 ⊙ Исх. 23,10–19

5 пятница

Боящиеся Господа! уповайте на Господа.
Пс. 113,19

Взгляните на птиц небесных: они ни сеют, ни жнут, ни собирают в житницы; и Отец ваш Небесный питает их.
Мф. 6,26

☼ Рим. 9,14–23(24–26) ⊙ Исх. 23,20–33

6 суббота

Живущий под кровом Всевышнего под сенью Всемогущего покоится, говорит Господу: «прибежище мое и защита моя, Бог мой, на Которого я уповаю!»
Пс. 90,1–2

Получив помощь от Бога, я до сего дня стою, свидетельствуя малому и великому.
Деян. 26,22

☼ 2 Кор. 12,1–10 ⊙ Исх. 24,1–18

7 воскресенье

И беззаконник, если обращается от беззакония своего, какое делал, и творит суд и правду, – к жизни возвратит душу свою.
Иез. 18,27

Какая польза человеку, если он приобретет весь мир, а душе своей повредит?
Мф. 16,26

ШЕСТОЕ ВОСКРЕСЕНЬЕ ПОСЛЕ ТРОИЦЫ

Так говорит Господь, сотворивший тебя: не бойся, ибо Я искупил тебя, назвал тебя по имени твоему; ты Мой!
Ис. 43,1

Псалом: 66,2–3.5–6 зеленый
Евангелие: Мф. 28,16–20
Послание: Рим. 6,3–8(9–11)
ВЗ: Ис. 43,1–7 Проповедь: Деян. 8,26–39

8 понедельник

Глаза ваши видели все великие дела Господа, которые Он сделал.

Втор. 11,7

Мы возвестили вам силу и пришествие Господа нашего Иисуса Христа, не хитросплетенным басням последуя, но быв очевидцами Его величия.

2 Петр. 1,16

☼ Исх. 14,15–22 ⊙ Исх. 25,1–22

9 вторник

Боже! будь милостив к нам и благослови нас.

Пс. 66,2

Иисус обнял детей, возложил руки на них и благословил их.

Мк. 10,16

☼ Быт. 32,23–32(33) ⊙ Исх. 31,18–32,14

10 среда

От начала дней Я Тот же, и никто не спасет от руки Моей; Я сделаю, и кто отменит это?

Ис. 43,13

Итак никто не хвались человеками, ибо всё ваше: вы же – Христовы, а Христос – Божий.

1 Кор. 3,21.23

☼ Деян. 16,23–34 Исх. 32,15–29

11 четверг

Там, где говорили им: «вы не Мой народ», будут говорить им: «вы сыны Бога живого».

Ос. 1,10

Посему ты уже не раб, но сын; а если сын, то и наследник Божий через Иисуса Христа.

Гал. 4,7

☼ Мф. 18,1–6 ⊙ Исх. 32,30–33,6

12 пятница

Не осталось неисполненным ни одного слова из всех благих слов Его, которые Он изрек чрез раба Своего Моисея.

3 Цар. 8,56

Иисус, начав от Моисея, из всех пророков изъяснял им сказанное о Нем во всём Писании.

Лк. 24,27

☼ 1 Ин. 5,6–10 ⊙ Исх. 33,7–11

13 суббота

Тот, Кто от начала вызывает роды; Я – Господь первый, и в последних – Я тот же.

Ис. 41,4

Не бойся; Я есмь Первый и Последний, и живой.

Откр. 1,17–18

☼ Откр. 3,1–6 ⊙ Исх. 33,12–23

14 воскресенье

Господня – земля и что наполняет ее, вселенная и всё живущее в ней.

Пс. 23,1

Итак вы уже не чужие и не пришельцы, но сограждане святым и свои Богу.

Еф. 2,19

СЕДЬМОЕ ВОСКРЕСЕНЬЕ ПОСЛЕ ТРОИЦЫ

Итак, вы уже не чужие и не пришельцы, но сограждане святым и свои Богу.

Еф. 2,19

Псалом: 106,5–6.8–9 зеленый
Евангелие: Ин. 6,1–15
Послание: Деян. 2,41–47
Проповедь/ВЗ: Исх. 16,2–3.11–18

---

15 понедельник

Господь сил с нами, Бог Иакова заступник наш.

Пс. 45,8

Иисус, выйдя, увидел множество народа и сжалился над ними, потому что они были, как овцы, не имеющие пастыря.

Мк. 6,34

☼ Ин. 6,47–51 ⊙ Исх. 34,1–10

16 вторник

Как же говоришь ты, Иаков, и высказываешь, Израиль: «путь мой сокрыт от Господа, и дело мое забыто у Бога моего»?
Ис. 40,27

Тогда Иисус сказал ученикам: о, несмысленные и медлительные сердцем, чтобы веровать всему, что предсказывали пророки! Не так ли надлежало пострадать Христу и войти в славу Свою?
Лк. 24,25–26

☼ Мф. 22,1–14 ⊙ Исх. 34,27–35

17 среда

Но вот завет, который Я заключу с домом Израилевым после тех дней, говорит Господь: вложу закон Мой во внутренность их и на сердцах их напишу его, и буду им Богом, а они будут Моим народом.
Иер. 31,33

Израильтянам принадлежат усыновление и слава, и заветы, и законоположение, и богослужение, и обетования.
Рим. 9,4

☼ Деян. 10,(21–23)24–36 ⊙ Исх. 35,4–29

18 четверг

Господь говорит: защищу его, потому что он познал имя Мое.
Пс. 90,14

Все заботы ваши возложите на Него, ибо Он печется о вас.

1 Петр. 5,7

☼ 1 Кор. 10,16.17 ⊙ Исх. 35,30–36,7

19 пятница

Ибо вот, Я творю новое небо и новую землю, и прежние уже не будут воспоминаемы.

Ис. 65,17

Иоанн Богослов пишет: И увидел я новое небо и новую землю, ибо прежнее небо и прежняя земля миновали.

Откр. 21,1

☼ Лк. 22,14–20 ⊙ Исх. 40,1–17

20 суббота

Итак познай и размысли, как худо и горько то, что ты оставил Господа Бога твоего и страха Моего нет в тебе.

Иер. 2,19

Когда же младший сын прожил всё, настал великий голод в той стране, и он начал нуждаться; и пошел, пристал к одному из жителей страны той, а тот послал его на поля свои пасти свиней.

Лк. 15,14–15

☼ Откр. 19,4–9 ⊙ Исх. 40,34–38

21 воскресенье

Вот, на горах – стопы благовестника, возвещающего мир.
Наум 1,15

Иисус, придя, благовествовал мир вам, дальним и близким.
Еф. 2,17

ВОСЬМОЕ ВОСКРЕСЕНЬЕ ПОСЛЕ ТРОИЦЫ

Поступайте, как чада света, потому что плод Духа состоит во всякой благости, праведности и истине.
Еф. 5,8*б*.9

Псалом: 47,2–3*а*.9.15 зеленый
Евангелие: Мф. 5,13–16
Проповедь/Послание: Еф. 5,8*б*–14
ВЗ: Ис. 2,1–5

---

22 понедельник

Они будут ратовать против тебя, но не превозмогут тебя; ибо Я с тобою, говорит Господь, чтобы избавлять тебя.
Иер. 1,19

Иисус молится о Своих учениках: не о всём мире молю, но о тех, которых Ты дал Мне, потому что они Твои.
Ин. 17,9

☼ Мф. 7,7–12 ⊙ Мк. 3,7–12

23 вторник

Господи, откровения Твои – утешение мое, – советники мои.
Пс. 118,24

Иисус говорит: Не думайте, что Я пришел нарушить закон или пророков: не нарушить пришел Я, но исполнить.
Мф. 5,17

☼ Мф. 5,33–37 ⊙ Мк. 3,13–19

24 среда

Господь послал Меня утешить всех сетующих.
Ис. 61,1.2

Благословен Бог и Отец Господа нашего Иисуса Христа, Отец милосердия и Бог всякого утешения, утешающий нас во всякой скорби нашей, чтобы и мы могли утешать находящихся во всякой скорби тем утешением, которым Бог утешает нас самих!
2 Кор. 1,3–4

☼ Притч. 8,12–21 ⊙ Мк. 3,20–30

25 четверг

Бог сказал: Я полагаю радугу Мою в облаке, чтоб она была знамением завета между Мною и между землею.
Быт. 9,13

А нынешние небеса и земля, содержимые тем же Словом.

2 Петр. 3,7

☼ 1 Кор. 12,27–13,3 ⊙ Мк. 3,31–35

26 пятница

Что Он разрушит, то не построится; кого Он заключит, тот не высвободится.

Иов 12,14

Иисус сказал ему: всё возможно верующему. И тотчас отец отрока воскликнул со слезами: верую, Господи! помоги моему неверию.

Мк. 9,23–24

☼ Еф. 4,25–32 ⊙ Мк. 4,1–9

27 суббота

Не навсегда забыт будет нищий, и надежда бедных не до конца погибнет.

Пс. 9,19

Иисус говорит: Блаженны нищие духом, ибо ваше есть Царствие Божие.

Лк. 6,20

☼ Флп. 2,(13)14–18 ⊙ Мк. 4,10–20

28 воскресенье

Господь за меня – не устрашусь: что сделает мне человек?
Пс. 117,6

Кто отлучит нас от любви Божией: скорбь, или теснота, или гонение, или голод, или нагота, или опасность, или меч?
Рим. 8,35

ДЕВЯТОЕ ВОСКРЕСЕНЬЕ ПОСЛЕ ТРОИЦЫ

И от всякого, кому дано много, много и потребуется, и кому много вверено, с того больше взыщут.
Лк. 12,48

Псалом: 39,9.11–12 зеленый
Послание: Флп. 3,(4б–6)7–14
Проповедь/Евангелие: Мф. 13,44–46
ВЗ: Иер. 1,4–10

---

29 понедельник

Господь, Бог наш, наклони к Себе сердце наше, чтобы мы ходили по всем путям Его.
3 Цар. 8,58

Никто не может назвать Иисуса Господом, как только Духом Святым.
1 Кор. 12,3

☼ Лк. 16,10–13 ⊙ Мк. 4,21–25

30 вторник

Я в пустынях дам воду, реки в сухой степи, чтобы поить избранный народ Мой.

Ис. 43,20

Иисус сказал женщине: кто будет пить воду, которую Я дам ему, тот не будет жаждать вовек; но вода, которую Я дам ему, сделается в нем источником воды, текущей в жизнь вечную.

Ин. 4,14

☼ 3 Цар. 3,16–28 ⊙ Мк. 4,26–29

31 среда

И узнаете, что Я Господь, когда буду поступать с вами ради имени Моего, не по злым вашим путям и вашим делам развратным.

Иез. 20,44

Бог Свою любовь к нам доказывает тем, что Христос умер за нас, когда мы были еще грешниками.

Рим. 5,8

☼ 1 Кор. 10,23–31 ⊙ Мк. 4,30–34

Август

Господь исцеляет сокрушенных сердцем и врачует скорби их. Пс. 146,3

1 четверг

Велик день Господень и весьма страшен, и кто выдержит его? Но и ныне еще говорит Господь: обратитесь ко Мне всем сердцем своим.
Иоиль 2,11–12

Иисус проповедовал Евангелие Царствия Божия и говорил, что исполнилось время и приблизилось Царствие Божие: покайтесь и веруйте в Евангелие.
Мк. 1,14–15

☼ 1 Тим. 4,6–16 ⊙ Мк. 4,35–41

2 пятница

Боже, Ты потряс землю, разбил ее: исцели повреждения ее, ибо она колеблется.
Пс. 59,4

Ученики будят Иисуса и говорят Ему: Учитель! неужели Тебе нужды нет, что мы погибаем? И, встав, Он запретил ветру и сказал морю: умолкни, перестань. И ветер утих, и сделалась великая тишина.
Мк. 4,38–39

☼ Иер. 1,11–19 ⊙ Мк. 5,1–20

3 суббота

Будут уповать на Тебя знающие имя Твое, потому что Ты не оставляешь ищущих Тебя, Господи.
Пс. 9,11

Иисус сказал: приходящего ко Мне не изгоню вон.
Ин. 6,37

☼ Лк. 12,42–48 ⊙ Мк. 5,21–34

4 воскресенье

Господь творит всё, что хочет, на небесах и на земле, на морях и во всех безднах.
Пс. 134,6

В усердии не ослабевайте; духом пламенейте; Господу служите.
Рим. 12,11

ДЕСЯТОЕ ВОСКРЕСЕНЬЕ ПОСЛЕ ТРОИЦЫ
(Воскресенье Израиля)

Блажен народ, у которого Господь есть Бог, – племя, которое Он избрал в наследие Себе.
Пс. 32,12

Псалом: 105,4–5*a*.6.47*a* зеленый
Послание: Рим. 11,25–32
Евангелие: Мк. 12,28–34
ВЗ: Исх. 19,1–6 Проповедь: Зах. 8,20–23

---

5 понедельник

Впереди вас пойдет Господь, и Бог Израилев будет стражем позади вас.
Ис. 52,12

Проходя, увидел Иисус Левия Алфеева, сидящего у сбора пошлин, и говорит ему: следуй за Мною.

Мк. 2,14

☼ Рим. 11,1–6(7–10)11.12 ⊙ Мк. 5,35–43

6 вторник

Боже, когда я вспоминаю о Тебе на постели моей, размышляю о Тебе в ночные стражи.

Пс. 62,7

Иисус Христос умер за нас, чтобы мы, бодрствуем ли, или спим, жили вместе с Ним.

1 Фес. 5,9–10

☼ Ис. 51,1–6(7) ⊙ Мк. 6,1–6

7 среда

Страх Господень научает мудрости.

Притч. 15,33

Ибо когда мир своею мудростью не познал Бога в премудрости Божией, то благоугодно было Богу юродством проповеди спасти верующих.

1 Кор. 1,21

☼ Ин. 4,19–26 ⊙ Мк. 6,7–13

8 четверг

Господь был с Иосифом, и во всём, что он делал, Господь давал успех.

Быт. 39,23

Плод же духа: любовь, радость, мир, долготерпение, благость, милосердие, вера, кротость, воздержание.

Гал. 5,22–23

☼ Рим. 11,(13–16)17–24 ⊙ Мк. 6,14–29

9 пятница

Спасай взятых на смерть, и неужели откажешься от обреченных на убиение? Скажешь ли: «вот, мы не знали этого»? А Испытующий сердца разве не знает?

Притч. 24,11–12

Посему, страдает ли один член, страдают с ним все члены; славится ли один член, с ним радуются все члены.

1 Кор. 12,26

☼ Еф. 2,11–18 ⊙ Мк. 6,30–44

10 суббота

Я, Господь, люблю правосудие, ненавижу грабительство с насилием.

Ис. 61,8

Ни в чем не поступайте с братом своим противозаконно и корыстолюбиво: потому что Господь – мститель за всё это.
1 Фес. 4,6

☼ Втор. 4,27–35(36–40) ⊙ Мк. 6,45–56

11 воскресенье

Буду святиться в вас перед глазами народов. И узнаете, что Я Господь, когда введу вас в землю Израилеву, – в землю, которую Я клялся дать отцам вашим, подняв руку Мою.
Иез. 20,41–42

Верою Авраам повиновался призванию идти в страну, которую имел получить в наследие, и пошел, не зная, куда идет.
Евр. 11,8

ОДИННАДЦАТОЕ ВОСКРЕСЕНЬЕ ПОСЛЕ ТРОИЦЫ

Бог гордым противится, а смиренным дает благодать.
1 Петр. 5,5

Псалом: 112,5–7.2 зеленый
Послание: Еф. 2,4–10
Евангелие: Лк. 18,9–14
ВЗ: 2 Цар. 12,1–10.13–15*а* Проповедь: Гал. 2,16–21

12 понедельник

Уповаю на спасение Твое, Господи.
Пс. 118,166

Свидетельствующий сие говорит: ей, гряду скоро!
Откр. 22,20

☼ Мф. 23,1–12 ⊙ Мк. 7,1–23

13 вторник

Воспойте Господу песнь новую; воспойте Господу, вся земля.
Пс. 95,1

Ученики славили Бога и говорили: благословен Царь, грядущий во имя Господне! мир на небесах и слава в вышних!
Лк. 19,38

☼ 1 Цар. 17,38–51 ⊙ Мк. 7,24–30

14 среда

Господь, Бог твой, покровительствовал тебе во время путешествия твоего по великой пустыне сей.
Втор. 2,7

Укрепите опустившиеся руки и ослабевшие колени.
Евр. 12,12

☼ Ин. 8,3–11 ⊙ Мк. 7,31–37

15 четверг

Я Господь Бог ваш, Который вывел вас из земли Египетской, чтоб вы не были там рабами, и сокрушил узы ярма вашего, и повел вас с поднятою головою.
Лев. 26,13

Я уже не называю вас рабами, ибо раб не знает, что делает господин его; но Я назвал вас друзьями.

Ин. 15,15

☼ 1 Петр. 5,1–5 ⊙ Мк. 8,1–9

16 пятница

Почитай отца твоего и мать твою.

Исх. 20,12

Посему принимайте друг друга, как и Христос принял вас в славу Божию.

Рим. 15,7

☼ Лк. 22,54–62 ⊙ Мк. 8,10–13

17 суббота

Давид молился: Ради слова Твоего и по сердцу Твоему Ты делаешь это, открывая всё это великое.

Втор. 7,21

Если же вы Христовы, то вы семя Авраамово и по обетованию наследники.

Гал. 3,29

☼ Мк. 7,24–30 ⊙ Мк. 8,14–21

18 воскресенье

Не много Ты умалил человека пред Ангелами: славою и честью увенчал его.

Пс. 8,6

Как от Божественной силы Его даровано нам все потребное для жизни и благочестия, через познание Призвавшего нас славою и благостию.

2 Петр. 1,3

ДВЕНАДЦАТОЕ ВОСКРЕСЕНЬЕ ПОСЛЕ ТРОИЦЫ

Трости надломленной не переломит, и льна курящегося не угасит.

Ис. 42,3*а*

Псалом: 146,1.3.7.11 зеленый

Послание: Деян. 9,1–20

Евангелие: Мк. 7,31–37

ВЗ: Ис. 29,17–24 Проповедь: Лк. 13,10–17

19 понедельник

Перестань гневаться и оставь ярость; не ревнуй до того, чтобы делать зло.

Пс. 36,8

Смотрите, чтобы кто кому не воздавал злом за зло; но всегда ищите добра и друг другу и всем.

1 Фес. 5,15

☼ Мф. 9,27–34 ⊙ Мк. 8,22–26

20 вторник

Раб Авраама смотрел в молчании, желая уразуметь, благословил ли Господь путь его, или нет.

Быт. 24,21

Когда они служили Господу и постились, Дух Святый сказал: отделите Мне Варнаву и Савла на дело, к которому Я призвал их. Тогда они, совершив пост и молитву и возложив на них руки, отпустили их.

Деян. 13,2–3

☼ Мк. 3,1–10(11.12) ⊙ Мк. 8,27–33

21 среда

Вознесем сердце наше и руки к Богу, сущему на небесах.

Плач. 3,41

Злостраждет ли кто из вас, пусть молится. Весел ли кто, пусть поет псалмы.

Иак. 5,13

☼ Ин. 4,46–54 ⊙ Мк. 8,34–9,1

22 четверг

Сказал Господь: если ты обратишься, то Я восставлю тебя.

Иер. 15,19

Иисус говорит: Итак всякого, кто исповедает Меня пред людьми, того исповедаю и Я пред Отцем Моим Небесным.

Мф. 10,32

☼ Лк. 8,1–3 ⊙ Мк. 9,2–13

23 пятница

Когда я говорил: «колеблется нога моя», – милость Твоя, Господи, поддерживала меня.

Пс. 93,18

Довольно для тебя благодати Моей, ибо сила Моя совершается в немощи.

2 Кор. 12,9

☼ Мф. 12,15–21 ⊙ Мк. 9,14–29

24 суббота

Смотри, Я снял с тебя вину твою и облекаю тебя в одежды торжественные.

Зах. 3,4

А отец сказал рабам своим: принесите лучшую одежду и оденьте его. Ибо этот сын мой был мертв и ожил, пропадал и нашелся.

Лк. 15,22.24

☼ Деян. 9,31–35 ⊙ Мк. 9,30–37

25 воскресенье

Господи, славлю Тебя, что Ты услышал меня и соделался моим спасением.

Пс. 117,21

Это хорошо и угодно Спасителю нашему Богу, Который хочет, чтобы все люди спаслись и достигли познания истины.
1 Тим. 2,3–4

ТРИНАДЦАТОЕ ВОСКРЕСЕНЬЕ ПОСЛЕ ТРОИЦЫ

Христос говорит: Так как вы сделали это одному из сих братьев Моих меньших, то сделали Мне.
Мф. 25,40*б*

Псалом: 118,145.147.151.156*а*.159*б* зеленый
Послание: 1 Ин. 4,7–12
Евангелие: Лк. 10,25–37
Проповедь/ВЗ: Лев. 19,1–3.13–18.33–34

---

26 понедельник

Ты избавил душу мою от смерти, да и ноги мои от преткновения, чтобы я ходил пред лицем Божиим во свете живых.
Пс. 55,14

Иисус, взяв девицу за руку, говорит ей: «талифа куми», что значит: девица, тебе говорю, встань. И девица тотчас встала и начала ходить.
Мк. 5,41–42

☼ Мф. 6,1–4 ⊙ Мк. 9,38–41

27 вторник

Повеления Господа праведны, веселят сердце.
Пс. 18,9

Иисус говорит: блаженны слышащие слово Божие и соблюдающие его.

Лк. 11,28

☼ Ам. 5,4–15 ⊙ Мк. 9,42–50

28 среда

Итак расположите сердце ваше и душу вашу к тому, чтобы взыскать Господа Бога вашего.

1 Пар. 22,19

Филипп находит Нафанаила и говорит ему: мы нашли Того, о Котором писали Моисей в законе и пророки, Иисуса, сына Иосифова, из Назарета.

Ин. 1,45

☼ Втор. 24,(10–15)17–22 ⊙ Мк. 10,1–12

ДЕНЬ ПАМЯТИ ЖЕРТВ ПОЛИТИЧЕСКИХ РЕПРЕССИЙ

Псалом: 118,81–82.88.90*а*.91*б* красный

Послание: 2 Тим. 2,8–13 или Евр. 10,32–39 или 2 Кор. 1,3–6

Евангелие: Мк. 8,31–35 или Мк. 13,5–13 или Лк. 12,1–8

---

29 четверг

Кто приготовляет ворону корм его, когда птенцы его кричат к Богу, бродя без пищи?

Иов 38,41

Посему и насаждающий и поливающий есть ничто, а всё Бог возращающий.
1 Кор. 3,7

☼ 2 Кор. 8,10–17 ⊙ Мк. 10,13–16

30 пятница

Совет же Господень стоит вовек.
Пс. 32,11

Во Христе мы и сделались наследниками, быв предназначены к тому по определению Совершающего всё по изволению воли Своей.
Еф. 1,11

☼ Иак. 2,5–13 ⊙ Мк. 10,17–27

31 суббота

И они будут Моими, говорит Господь Саваоф, собственностью Моею, и буду миловать их, как милует человек сына своего, служащего ему.
Мал. 3,17

Иисус говорит: Блаженны миротворцы, ибо они будут наречены сынами Божиими.
Мф. 5,9

☼ Иуда 1.2.20–25 ⊙ Мк. 10,28–31

Сентябрь

Разве Я – Бог только вблизи, говорит Господь, а не Бог и вдали? Иер. 23,23

1 воскресенье

Господи! Ты нам прибежище в род и род. Прежде нежели родились горы, и Ты образовал землю и вселенную, и от века и до века Ты – Бог.

Пс. 89,2–3

Иисус, отвечая, говорит ученикам: имейте веру Божию.

Мк. 11,22–23

ЧЕТЫРНАДЦАТОЕ ВОСКРЕСЕНЬЕ ПОСЛЕ ТРОИЦЫ

Благослови, душа моя, Господа и не забывай всех благодеяний Его.

Пс. 102,2

Псалом: 145,1–2.5.7*б*–8 зеленый
Проповедь/Послание: Рим. 8,14–17
Евангелие: Лк. 17,11–19
ВЗ: Быт. 28,10–19*а*(19*б*–22)

---

2 понедельник

Господь исцеляет сокрушенных сердцем и врачует скорби их.

Пс. 146,3

Ранами Его вы исцелились.

1 Петр. 2,24

☼ Втор. 26,1–11 ⊙ 1 Мак. 1,1–15(1–16)

3 вторник

Сзади и спереди Ты объемлешь меня, и полагаешь на мне руку Твою.

Пс. 138,5

Бог недалеко от каждого из нас: ибо мы Им живем и движемся и существуем.

Деян. 17,27–28

☼ Гал. 5,22–26 ⊙ 1 Мак. 1,16–28(17–29)

4 среда

Ангел коснулся Илии и сказал ему: встань, ешь. И встал он, поел и напился, и, подкрепившись тою пищею, шел сорок дней и сорок ночей до горы Божией.

3 Цар. 19,5.8

Итак не заботьтесь и не говорите: что нам есть? или что пить? или во что одеться?

Мф. 6,31

☼ Фил. 1–16(17–22) ⊙ 1 Мак. 1,29–40(30–42)

5 четверг

Спаси народ Твой и благослови наследие Твое; паси их и возвышай их во веки!

Пс. 27,9

Видя толпы народа, Иисус сжалился над ними, что они были изнурены и рассеяны, как овцы, не имеющие пастыря.
Мф. 9,36

☼ 1 Пар. 29,9–18 ⊙ 1 Мак. 1,41–64(43–68)

6 пятница

Мы повергаем моления наши пред Тобою, уповая не на праведность нашу, но на Твое великое милосердие.
Дан. 9,18

Ибо благодатью вы спасены через веру, и сие не от вас, Божий дар: не от дел, чтобы никто не хвалился.
Еф. 2,8–9

☼ Ин. 13,31–35 ⊙ 1 Мак. 2,1–14

7 суббота

Сказал Бог Соломону: проси, что дать тебе. Соломон сказал: даруй же рабу Твоему сердце разумное, чтобы судить народ Твой и различать, что добро и что зло.
3 Цар. 3,5.9

Берет диавол Иисуса на весьма высокую гору и показывает Ему все царства мира и славу их, и говорит Ему: всё это дам Тебе, если, пав, поклонишься мне. Тогда Иисус говорит ему: отойди от Меня, сатана.
Мф. 4,8–10

☼ 2 Фес. 2,13–17 ⊙ 1 Мак. 2,15–28

8 воскресенье

Доброму разумению и ведению научи меня, ибо заповедям Твоим я верую.

Пс. 118,66

Павел пишет Тимофею: От глупых и невежественных состязаний уклоняйся, зная, что они рождают ссоры.

2 Тим. 2,23

ПЯТНАДЦАТОЕ ВОСКРЕСЕНЬЕ ПОСЛЕ ТРОИЦЫ

Все заботы ваши возложите на Него, ибо Он печется о вас.

1 Петр. 5,7

Псалом: 126,1–2 зеленый
Послание: 1 Петр. 5,5*б*–11
Проповедь / Евангелие: Мф. 6,25–34
ВЗ: Быт. 2,4*б*–9(10–14)15(18–25)

---

9 понедельник

Блажен человек, который на Господа возлагает надежду свою.

Пс. 39,5

Андрей находит брата своего Симона и говорит ему: мы нашли Мессию.

Ин. 1,41

☼ Флп. 4,8–14 ⊙ 1 Мак. 2,29–41

10 вторник

Аллилуия. Славлю Тебя, Господи, всем сердцем моим в совете праведных и в собрании.
Пс. 110,1

Хвалите Бога нашего, все рабы Его и боящиеся Его, малые и великие.
Откр. 19,5

☼ 1 Тим. 6,(3–5)6–11*a* ⊙ 1 Мак. 2,42–48

11 среда

Сердце чистое сотвори во мне, Боже, и дух правый обнови внутри меня.
Пс. 50,12

Цель же увещания есть любовь от чистого сердца и доброй совести и нелицемерной веры.
1 Тим. 1,5

☼ Еккл. 4,(4–7)8–12 ⊙ 1 Мак. 2,49–70

12 четверг

Угнетенному и нищему оказывайте справедливость.
Пс. 81,3

А вас Господь да исполнит и преисполнит любовью друг к другу и ко всем.
1 Фес. 3,12

☼ Лк. 10,38–42 ⊙ 1 Мак. 3,1–26

13 пятница

Яви дивную милость Твою, Спаситель уповающих на Тебя от противящихся деснице Твоей.

Пс. 16,7

Если злословят вас за имя Христово, то вы блаженны, ибо Дух Славы, Дух Божий почивает на вас.

1 Петр. 4,14

☼ 1 Кор. 7,17–24 ⊙ 1 Мак. 3,27–41

14 суббота

При умножении скорбей моих в сердце моем, утешения Твои услаждают душу мою.

Пс. 93,19

Иисус сказал: Отче! о, если бы Ты благоволил пронести чашу сию мимо Меня! впрочем не Моя воля, но Твоя да будет. Явился же Ему Ангел с небес и укреплял Его.

Лк. 22,42–43

☼ Мк. 12,41–44 ⊙ 1 Мак. 3,42–60

15 воскресенье

Когда ты будешь есть и насыщаться, тогда берегись, чтобы не забыл ты Господа.

Втор. 6,11–12

Иисус говорит: истинно, истинно говорю вам: не Моисей дал вам хлеб с неба, а Отец Мой дает вам истинный хлеб с небес.
Ин. 6,32

ШЕСТНАДЦАТОЕ ВОСКРЕСЕНЬЕ ПОСЛЕ ТРОИЦЫ

Спаситель наш Иисус Христос разрушил смерть и явил жизнь и нетление через благовестие.
2 Тим. 1,10*б*

Псалом: 67,5*а*.5*в*–6.20–21 зеленый
Послание: 2 Тим. 1,7–10
Евангелие: Ин. 11,1(2)3.17–27(28–38*а*)38*б*–45
ВЗ: Плач 3,22–26.31–32 Проповедь: Пс. 15,(1–4)5–11

16 понедельник

Господь Бог помогает Мне: поэтому Я не стыжусь.
Ис. 50,7

Пётр, видя сильный ветер, испугался и, начав утопать, закричал: Господи! спаси меня.
Мф. 14,30

☼ Рим. 6,19–23 ⊙ 1 Мак. 4,1–25

17 вторник

Ты венчаешь лето благости Твоей.
Пс. 64,12

Бог не переставал свидетельствовать о Себе благодеяниями, подавая нам с неба дожди и времена плодоносные и исполняя пищею и веселием сердца наши.
Деян. 14,17

☼ Ис. 38,9–20 ⊙ 1 Мак. 4,26–35

18 среда

Восходит звезда от Иакова и восстает жезл от Израиля.
Числ. 24,17

Я, Иисус, послал Ангела Моего засвидетельствовать вам сие в церквах. Я есмь корень и потомок Давида, звезда светлая и утренняя.
Откр. 22,16

☼ Мк. 5,21–24.35–43 ⊙ 1 Мак. 4,36–51

19 четверг

Господи, не входи в суд с рабом Твоим, потому что не оправдается пред Тобой ни один из живущих.
Пс. 142,2

Иисус сказал женщине: прощаются тебе грехи. Вера твоя спасла тебя, иди с миром.
Лк. 7,48.50

☼ Флп. 1,18*б*–26 ⊙ 1 Мак. 4,52–61

20 пятница

Бог один распростирает небеса и ходит по высотам моря; сотворил Ас, Кесиль и Хима и тайники юга.

Иов 9,8–9

У нас один Бог Отец, из Которого всё, и мы для Него, и один Господь Иисус Христос, Которым всё, и мы Им.

1 Кор. 8,6

☼ Откр. 2,8–11 ⊙ Иудифь 1,1–16(1–11)

21 суббота

Веселое сердце делает лице веселым, а при сердечной скорби дух унывает.

Притч. 15,13

Он продолжал путь, радуясь.

Деян. 8,39

☼ Рим. 4,18–25 ⊙ Иудифь 2,1–13(1–6)

ДЕНЬ АПОСТОЛА И ЕВАНГЕЛИСТА МАТФЕЯ

Послание: 1 Кор. 12,27–31 красный

Евангелие: Мф. 9,9–13

ВЗ: Иез. 1,4–14

---

22 воскресенье

И будет Он мир.

Мих. 5,5

Не воздавайте злом за зло или ругательством за ругательство; напротив, благословляйте, зная, что вы к тому призваны, чтобы наследовать благословение.
1 Петр. 3,9

СЕМНАДЦАТОЕ ВОСКРЕСЕНЬЕ ПОСЛЕ ТРОИЦЫ

Сия есть победа, победившая мир, вера наша.
1 Ин. 5,4

Псалом: 24,8.10.14–15 зеленый
Послание: Рим. 10,9–17(18)
Евангелие: Мф. 15,21–28
ВЗ: Ис. 49,1–6 Проповедь: Гал. 3,26–29

23 понедельник

Явил Господь спасение Свое, открыл пред очами народов правду Свою.
Пс. 97,2

Блаженны алчущие и жаждущие правды, ибо они насытятся.
Мф. 5,6

☼ Евр. 11,1–7 ⊙ Иудифь 2,14–27(7–17)

24 вторник

Ибо, как земля производит растения свои, и как сад произращает посеянное в нем, так Господь Бог проявит правду и славу пред всеми народами.
Ис. 61,11

Царствие Божие подобно зерну горчичному, которое, взяв, человек посадил в саду своем; и выросло, и стало большим деревом, и птицы небесные укрывались в ветвях его.
Лк. 13,18–19

☼ Быт. 15,1–6 ⊙ Иудифь 2,28–3,10(2,18–3,12)

25 среда

Вот, Я Господь, Бог всякой плоти; есть ли что невозможное для Меня?
Иер. 32,27

Ученики, увидев Иисуса, поклонились Ему, а иные усомнились. И приблизившись Иисус сказал им: дана Мне всякая власть на небе и на земле.
Мф. 28,17–18

☼ Лк. 7,1–10 ⊙ Иудифь 4,1–15(1–14)

26 четверг

Я желаю исполнить волю Твою, Боже мой, и закон Твой у меня в сердце.
Пс. 39,9

Иисус сказал законнику: возлюби Господа Бога твоего всем сердцем твоим и всею душею твоею и всем разумением твоим: сия есть первая и наибольшая заповедь; вторая же подобная ей: возлюби ближнего твоего, как самого себя.
Мф. 22,37–39

☼ Деян. 5,34–42 ⊙ Иудифь 5,1–21(1–23)

27 пятница

А вы будете веселиться и радоваться вовеки о том, что Я творю.

Ис. 65,18

Всякое творение Божие хорошо, и ничто не предосудительно, если принимается с благодарением, потому что освящается словом Божиим и молитвою.

1 Тим. 4,4–5

☼ Евр. 12,1–3 ⊙ Иудифь 5,22–6,9(5,24–6,5)

28 суббота

Да будут слова уст моих и помышление сердца моего благоугодны пред Тобою, Господи, твердыня моя и Избавитель мой!

Пс. 18,15

А Мария сохраняла все слова сии, слагая в сердце Своем.

Лк. 2,19

☼ Мф. 14,22–33 ⊙ Иудифь 6,10–21(6–20)

29 воскресенье

Люби пришлеца, как себя.

Лев. 19,34

Где нет ни Еллина, ни Иудея, ни обрезания, ни необрезания, варвара, Скифа, раба, свободного, но всё и во всём Христос.

Кол. 3,11

ВОСЕМНАДЦАТОЕ ВОСКРЕСЕНЬЕ ПОСЛЕ ТРОИЦЫ

И мы имеем от Него такую заповедь, чтобы любящий Бога любил и брата своего.
1 Ин. 4,21

Псалом: 121,2–3.7–9 зеленый
Послание: Еф. 5,15–20
Евангелие: Мк. 10,17–27
ВЗ: Исх. 20,1–17 Проповедь: 1 Петр. 4,7–11

ДЕНЬ АРХАНГЕЛА МИХАИЛА И ВСЕХ АНГЕЛОВ

Ангел Господень ополчается вокруг боящихся Его.
Пс. 33,8

Псалом: 102,19–22*а* белый
Послание: Откр. 12,7–12
Евангелие: Лк. 10,17–20
ВЗ: Быт. 21,8–21 Проповедь: Числ. 22,31–35

30 понедельник

И воззвал Авенир к Иоаву, и сказал: вечно ли будет пожирать меч? Или ты не знаешь, что последствия будут горестные?
2 Цар. 2,26

Иисус говорит: возврати меч твой в его место, ибо все, взявшие меч, мечом погибнут.
Мф. 26,52

☼ Быт. 16,6*б*–14 ☼ Иудифь 7,1–15(1–10)

Октябрь

По милости Господа мы не исчезли, ибо милосердие Его не истощилось. Оно обновляется каждое утро; велика верность Твоя! Плач 3,22–23

1 вторник

Буду славить Тебя, Господи, между иноплеменниками и буду петь имени Твоему.
Пс. 17,50

Кто не убоится Тебя, Господи, и не прославит имени Твоего? ибо Ты един свят.
Откр. 15,4

☼ Нав. 5,13–15 ⊙ Иудифь 7,16–32(11–24)

2 среда

Они не будут терпеть голода и жажды, и не поразит их зной и солнце; ибо Милующий их будет вести их и приведет их к источникам вод.
Ис. 49,10

Господин! дай мне этой воды, чтобы мне не иметь жажды и не приходить сюда черпать.
Ин. 4,15

☼ Мф. 18,10–14 ⊙ Иудифь 8,1–10(1–8)

3 четверг

Господь утверждает слово раба Своего и приводит в исполнение изречение Своих посланников, Который говорит Иерусалиму: «ты будешь населен», и городам Иудиным: «вы будете построены».
Ис. 44,26

И притом мы имеем вернейшее пророческое слово; и вы хорошо делаете, что обращаетесь к нему, как к светильнику, сияющему в темном месте, доколе не начнет рассветать день и не взойдет утренняя звезда в сердцах ваших.
2 Петр. 1,19

☼ Деян. 12,1–11 ⊙ Иудифь 8,11–24(9–17)

4 пятница

Истаевают очи мои о слове Твоем; я говорю: когда Ты утешишь меня?
Пс. 118,82

Посему да приступаем с дерзновением к престолу благодати, чтобы получить милость и обрести благодать для благовременной помощи.
Евр. 4,16

☼ Деян. 27,16–25 ⊙ Иудифь 8,25–36(18–28)

5 суббота

Не отрини нас ради имени Твоего; не унижай престола славы Твоей.
Иер. 14,21

Не отверг Бог народа Своего, который Он наперед знал.
Рим. 11,2

☼ Откр. 22,6–10 ⊙ Иудифь 9,1–14(1–15)

6 воскресенье

Вот народы – как капля из ведра, и считаются как пылинка на весах.

Ис. 40,15

Неужели Бог есть Бог Иудеев только, а не и язычников? Конечно, и язычников.

Рим. 3,29

ПРАЗДНИК БЛАГОДАРЕНИЯ ЗА УРОЖАЙ

Очи всех уповают на Тебя, и Ты даешь им пищу их в свое время.

Пс. 144,15

Псалом: 103,27–28.30.33 зеленый
Послание: 2 Кор. 9,6–15
Евангелие: Мк. 8,1–9
ВЗ: Втор. 8,7–18 Проповедь: 1 Тим. 4,4–5

---

7 понедельник

Хотя беззакония наши свидетельствуют против нас, но Ты, Господи, твори с нами ради имени Твоего.

Иер. 14,7

Ибо если вы будете прощать людям согрешения их, то простит и вам Отец ваш Небесный.

Мф. 6,14

☼ Исх. 15,22–27 ⊙ Иудифь 10,1–13(1–14)

8 вторник

Итак бойтесь Господа и служите Ему в чистоте и искренности; отвергните богов, а служите Господу.

Нав. 24,14

Но тогда, не знав Бога, вы служили богам, которые в существе не боги. Ныне же, познав Бога, или, лучше, получив познание от Бога, для чего возвращаетесь опять к немощным и бедным вещественным началам и хотите еще снова поработить себя им?

Гал. 4,8–9

☼ Лк. 5,12–16 ⊙ Иудифь 10,14–11,4(10,15–11,3)

9 среда

Руки Твои сотворили меня и устроили меня; вразуми меня, и научусь заповедям Твоим.

Пс. 118,73

Павел пишет: Итак, братия, стойте и держите предания, которым вы научены.

2 Фес. 2,15

☼ Ин. 9,1–7 ⊙ Иудифь 11,5–15(4–11)

10 четверг

Вот, они говорят: «иссохли кости наши, и погибла надежда наша, мы оторваны от корня». Посему изреки пророче-

ство и скажи им: так говорит Господь Бог: вот, Я открою гробы ваши и выведу вас, народ Мой, из гробов ваших.
Иез. 37,11–12

Так и при воскресении мертвых: сеется в тлении, восстает в нетлении; сеется тело душевное, восстает тело духовное. Есть тело душевное, есть тело и духовное.
1 Кор. 15,42.44

☼ Иер. 17,14–17 ⊙ Иудифь 11,16–12,4(11,12–12,4)

11 пятница

Но у Тебя прощение, да благоговеют пред Тобою.
Пс. 129,4

Иисус же говорил: Отче! прости им, ибо не знают, что делают.
Лк. 23,34

☼ Мф. 8,14–17 ⊙ Иудифь 12,5–14(5–12)

12 суббота

Вот о чем говорил Господь, когда сказал: в приближающихся ко Мне освящусь и пред всем народом прославлюсь.
Лев. 10,3

Итак, оправдавшись верою, мы имеем мир с Богом через Господа нашего Иисуса Христа.
Рим. 5,1

☼ Лк. 13,10–17 ⊙ Иудифь 12,15–13,10(12,16–13,11)

13 воскресенье

Иосиф сказал своим братьям: вот, вы умышляли против меня зло; но Бог обратил это в добро.
Быт. 50,20

Благословляйте проклинающих вас и молитесь за обижающих вас.
Лк. 6,28

ДВАДЦАТОЕ ВОСКРЕСЕНЬЕ ПОСЛЕ ТРОИЦЫ

О, человек! сказано тебе, что – добро и чего требует от тебя Господь: действовать справедливо, любить дела милосердия и смиренномудренно ходить пред Богом твоим.
Мих. 6,8

Псалом: 18,8–9 зеленый
Проповедь/Послание: 2 Кор. 3,3–6(7–9)
Евангелие: Мк. 10,2–9(10–12)13–16
ВЗ: Быт. 8,18–22; 9,12–17

---

14 понедельник

Всё дышащее да хвалит Господа! Аллилуия.
Пс. 150,6

Единому Премудрому Богу, Спасителю нашему чрез Иисуса Христа Господа нашего, слава и величие, сила и власть прежде всех веков, ныне и во все веки.
Иуда 25

☼ 2 Фес. 3,6–13 ⊙ Иудифь 13,11–20(12–25)

15 вторник

Бог Небесный, Он благопоспешит нам, и мы, рабы Его, станем строить.

Неем. 2,20

Сам же Господь наш Иисус Христос и Бог и Отец наш, возлюбивший нас и давший утешение вечное и надежду благую во благодати, да утешит ваши сердца и да утвердит вас во всяком слове и деле благом.

2 Фес. 2,16–17

☼ Рим. 13,1–7 ⊙ Иудифь 14,1–10(13,26–14,6)

16 среда

Лучше блюдо зелени, и при нем любовь, нежели откормленный бык, и при нем ненависть.

Притч. 15,17

Иисус увидел также и бедную вдову, положившую в сокровищницу две лепты, и сказал: истинно говорю вам, что эта бедная вдова больше всех положила; ибо все те от избытка своего положили в дар Богу, а она от скудости своей положила всё пропитание свое, какое имела.

Лк. 21,2–4

☼ Еф. 5,25–32 ⊙ Иудифь 14,11–15,3(14,7–15,5)

17 четверг

Господь, Бог твой, есть Бог милосердый; Он не оставит тебя и не погубит тебя.

Втор. 4,31

И вот какое дерзновение мы имеем к Нему, что, когда просим чего по воле Его, Он слушает нас.

1 Ин. 5,14

☼ 1 Кор. 14,26–33 ⊙ Иудифь 15,4–14(6–16)

18 пятница

Он был презрен и умален пред людьми, муж скорбей и изведавший болезни.

Ис. 53,3

Сына Человеческого предадут язычникам, и поругаются над Ним, и оскорбят Его, и оплюют Его, и будут бить, и убьют Его: и в третий день воскреснет.

Лк. 18,32–33

☼ Ин. 18,28–32 ⊙ Иудифь 16,1–17(1–22)

ДЕНЬ ЕВАНГЕЛИСТА ЛУКИ

Послание: 2 Тим. 4,5–11 красный

Евангелие: Лк. 1,1–4

ВЗ: Иез. 1,4–14

---

19 суббота

И до старости, и до седины не оставь меня, Боже, доколе не возвещу силы Твоей роду сему и всем грядущим могущества Твоего.

Пс. 70,18

Тут была также Анна пророчица, вдова лет восьмидесяти четырех, которая не отходила от храма, постом и молитвою служа Богу день и ночь. И она в то время, подойдя, славила Господа и говорила о Младенце всем, ожидавшим избавления в Иерусалиме.

Лк. 2,36.37–38

☼ Притч. 3,1–8 ⊙ Иудифь 16,18–25(22–31)

20 воскресенье

Господь сказал Иеремии: вот, Я вложил слова Мои в уста твои.

Иер. 1,9

Павел пишет: и был я у вас в немощи и в страхе и в великом трепете. И слово мое и проповедь моя не в убедительных словах человеческой мудрости, но в явлении духа и силы, чтобы вера ваша утверждалась не на мудрости человеческой, но на силе Божией.

1 Кор. 2,3–5

ДВАДЦАТЬ ПЕРВОЕ ВОСКРЕСЕНЬЕ ПОСЛЕ ТРОИЦЫ

Не будь побежден злом, но побеждай зло добром.

Рим. 12,21

Псалом: 18,10.12–13.15 зеленый
Послание: Еф. 6,10–17
Проповедь/Евангелие: Мф. 5,38–48
ВЗ: Иер. 29,1.4–7(8–9)10–14

---

21 понедельник

Этот народ Я образовал для Себя; он будет возвещать славу Мою.

Ис. 43,21

Христос – как Сын в доме Его; дом же Его – мы, если только дерзновение и упование, которым хвалимся, твердо сохраним до конца.

Евр. 3,6

☼ 1 Цар. 19,1–7 ⊙ 2 Кор. 1,1–11

22 вторник

Вы мои свидетели, говорит Господь.

Ис. 43,10

Иисус говорит: вы примете силу, когда сойдет на вас Дух Святый; и будете Мне свидетелями в Иерусалиме и во всей Иудее и Самарии и даже до края земли.

Деян. 1,8

☼ 2 Кор. 10,1–6 ⊙ 2 Кор. 1,12–24

23 среда

Не отвергни меня во время старости; когда будет оскудевать сила моя, не оставь меня.

Пс. 70,9

Иисус говорит Петру: истинно, истинно говорю тебе: когда ты был молод, то препоясывался сам и ходил, куда хотел; а когда состаришься, то прострешь руки твои, и другой препояшет тебя.

Ин. 21,18

☼ 1 Фес. 5,9–15 ⊙ 2 Кор. 2,1–11

24 четверг

У Тебя источник жизни; во свете Твоем мы видим свет.

Пс. 35,10

В Нем была жизнь, и жизнь была свет человеков.

Ин. 1,4

☼ 2 Кор. 6,1–10 ⊙ 2 Кор. 2,12–17

25 пятница

Крепко держись наставления, не оставляй, храни его, потому что оно – жизнь твоя.

Притч. 4,13

А ты пребывай в том, чему научен и что тебе вверено, зная, кем ты научен. Притом же ты из детства знаешь священные писания, которые могут умудрить тебя во спасение верою во Христа Иисуса.

2 Тим. 3,14–15

Лк. 22,49–53 2 Кор. 3,1–11

26 суббота

Господь – Пастырь мой; я ни в чем не буду нуждаться.
Пс. 22,1

Иисус говорит: Я есмь пастырь добрый: пастырь добрый полагает жизнь свою за овец.
Ин. 10,11

☼ 2 Тим. 2,1–5(6) ⊙ 2 Кор. 3,12–18

27 воскресенье

Слушай, Израиль: Господь, Бог наш, Господь един есть.
Втор. 6,4

И действия различны, а Бог один и тот же, производящий всё во всех.
1 Кор. 12,6

ДВАДЦАТЬ ВТОРОЕ ВОСКРЕСЕНЬЕ ПОСЛЕ ТРОИЦЫ

Но у Тебя прощение, да благоговеют пред Тобою.
Пс. 129,4

Псалом: 142,1.8.10 зеленый
Послание: Рим. 7,14–25*a*
Евангелие: Мф. 18,21–35
ВЗ: Ис. 44,21–23 Проповедь: Мих. 6,1–8

---

28 понедельник

Ты не оставишь души моей в аде.
Пс. 15,10

Иисус сказал Марфе: Я есмь воскресение и жизнь; верующий в Меня, если и умрет, оживет. И всякий, живущий и верующий в Меня, не умрет вовек. Веришь ли сему?

Ин. 11,25–26

☼ Исх. 32,15–20(21–24) ⊙ 2 Кор. 4,1–6

29 вторник

Ибо Господь дает мудрость; из уст Его – знание и разум.

Притч. 2,6

Иисус сказал: славлю Тебя, Отче, Господи неба и земли, что Ты утаил сие от мудрых и разумных и открыл то младенцам.

Мф. 11,25

☼ Иона 1,1–16; 2,1 ⊙ 2 Кор. 4,7–18

30 среда

Откроет тебе Господь добрую сокровищницу Свою, небо, чтоб оно давало дождь земле твоей во время свое, и чтобы благословлять все дела рук твоих.

Втор. 28,12

Итак, братия мои возлюбленные, будьте тверды, непоколебимы, всегда преуспевайте в деле Господнем, зная, что труд ваш не тщетен пред Господом.

1 Кор. 15,58

☼ Иона (3,10)4,1–11 ⊙ 2 Кор. 5,1–10

ДЕНЬ ПОМИНОВЕНИЯ ЖЕРТВ НАСИЛИЯ, ВОЙНЫ И ТЕРРОРА
Псалом: 118,81–82.88.90*а*.91*б* красный
Послание: 2 Тим. 2,8–13 или Евр. 10,32–39 или 2 Кор. 1,3–6
Евангелие: Мк. 8,31–35 или Мк. 13,5–13 или Лк. 12,1–8

31 четверг

Иные колесницами, иные конями, а мы именем Господа Бога нашего хвалимся.
Пс. 19,8

Ибо нет другого имени под небом, данного человекам, которым надлежало бы нам спастись.
Деян. 4,12

⊙ 2 Кор. 5,11–15

ДЕНЬ РЕФОРМАЦИИ

Ибо никто не может положить другого основания, кроме положенного, которое есть Иисус Христос.
1 Кор. 3,11

Псалом: 45,2–3.5.8 красный
Проповедь/Послание: Рим. 3,21–28
Евангелие: Мф. 5,1–10(11–12)
ВЗ: Втор. 6,4–9

Ноябрь

Впрочем мы, по обетованию Его, ожидаем нового неба и новой земли, на которых обитает правда. 2 Петр. 3,13

1 пятница

Уврачую отпадение их, возлюблю их по благоволению.
Ос. 14,5

Не введи нас в искушение, но избавь нас от лукавого.
Мф. 6,13

☼ Мф. 12,32–37 ⊙ 2 Кор. 5,16–21

2 суббота

Да воздаст Господь каждому по правде его и по истине его.
1 Цар. 26,23

Павел пишет: Посему не судите никак прежде времени, пока не придет Господь, Который и осветит скрытое во мраке и обнаружит сердечные намерения, и тогда каждому будет похвала от Бога.
1 Кор. 4,5

☼ Откр. 3,14–22 ⊙ 2 Кор. 6,1–10

3 воскресенье

Когда богатство умножается, не прилагайте к нему сердца.
Пс. 61,11

Чтобы богатые благодетельствовали, богатели добрыми делами, были щедры и общительны.
1 Тим. 6,18

ДВАДЦАТЬ ТРЕТЬЕ ВОСКРЕСЕНЬЕ ПОСЛЕ ТРОИЦЫ

Господь господствующих, единый имеющий бессмертие, Ему честь и держава вечная!

1 Тим. 6,15*б*.16*а.в*.

Псалом: 32,12-13.18.21 зеленый

Послание: Флп. 3,17–21

Евангелие: Мф. 22,15–22

ВЗ: Исх. 1,8–20 Проповедь: Рим. 13,1–7

4 понедельник

Слушайте, все народы, внимай, земля и все, что наполняет ее! Да будет Господь Бог свидетелем против вас.

Мих. 1,2

Не обманывайтесь: Бог поругаем не бывает. Что посеет человек, то и пожнет.

Гал. 6,7

☼ 3 Цар. 18,17–24(25–27)36–39 ⊙ 2 Кор. 6,11–7,1

5 вторник

И возьму из плоти их сердце каменное, и дам им сердце плотяное, чтобы они ходили по заповедям Моим, и соблюдали уставы Мои, и выполняли их.

Иез. 11,19–20

Когда придет Царствие Божие? Вот, Царствие Божие внутрь вас есть.
Лк. 17,20–21

☼ Деян. 5,27–33 ⊙ 2 Кор. 7,2–16

6 среда

Блаженны живущие в доме Твоем: они непрестанно будут восхвалять Тебя.
Пс. 83,5

Мы не знаем, о чем молиться, как должно, но Сам Дух ходатайствует за нас воздыханиями неизреченными.
Рим. 8,26

☼ Деян. 25,6–12 ⊙ 2 Кор. 8,1–15

7 четверг

Помоги же нам, Господи Боже наш: ибо мы на Тебя уповаем.
2 Пар. 14,11

Будем держаться исповедания упования неуклонно, ибо верен Обещавший.
Евр. 10,23

☼ 1 Кор. 3,16–23 ⊙ 2 Кор. 8,16–24

8 пятница

Я – изрекающий правду, сильный, чтобы спасать.
Ис. 63,1

Или глаз твой завистлив от того, что я добр? Так будут последние первыми.
Мф. 20,15–16

☼ Мк. 6,45–52 ⊙ 2 Кор. 9,1–15

9 суббота

Благословите Господа, все дела Его, во всех местах владычества Его. Благослови, душа моя, Господа!
Пс. 102,22

Он предопределил усыновить нас Себе чрез Иисуса Христа, по благоволению воли Своей, в похвалу славы благодати Своей, которою Он облагодатствовал нас в Возлюбленном.
Еф. 1,5–6

☼ 1 Петр. 2,11–17 ⊙ 2 Кор. 10,1–11

10 воскресенье

Возвеселится душа моя о Боге моем; ибо Он облек меня в ризы спасения, одеждою правды одел меня.
Ис. 61,10

Плод Духа состоит во всякой благости, праведности и истине.
Еф. 5,9

ТРЕТЬЕ ВОСКРЕСЕНЬЕ ОТ КОНЦА ЦЕРКОВНОГО ГОДА

Блаженны миротворцы, ибо они будут наречены сынами Божиими.

Мф. 5,9

Псалом: 89,2–4.13.14 зеленый
Послание: Рим. 8,18–25
Евангелие: Лк. 17,20–24(25–30)
Проповедь/ВЗ: Мих. 4,1–5 (7б)

11 понедельник

Обратятся сыны Израилевы и взыщут Господа Бога своего, и будут благоговеть пред Господом и благостью Его в последние дни.
Ос. 3,5

Всякий просящий получает, и ищущий находит, и стучащему отворят.
Мф. 7,8

☼ Быт. 33,1–4(5–7)8–11 ⊙ 2 Кор. 10,12–18

12 вторник

Оставаясь на месте и в покое, вы спаслись бы.
Ис. 30,15

Царство Божие не в слове, а в силе.
1 Кор. 4,20

☼ Ис. 57,17–19(20.21) ⊙ 2 Кор. 11,1–15

13 среда

Лук сильных преломляется, а немощные препоясываются силою.
1 Цар. 2,4

Павел пишет: Посему я благодушествую в немощах, в обидах, в нуждах, в гонениях, в притеснениях за Христа, ибо, когда я немощен, тогда силен.

2 Кор. 12,10

☼ Зах. 8,11–17 ⊙ 2 Кор. 11,16–33

14 четверг

Вот у Господа, Бога твоего, небо и небеса небес, земля и всё, что на ней.

Втор. 10,14

Слава в вышних Богу, и на земле мир, в человеках благоволение!

Лк. 2,14

☼ Лк. 9,51–56 ⊙ 2 Кор. 12,1–10

15 пятница

Как ты видел, Господь, Бог твой, носил тебя, как человек носит сына своего, на всем пути, которым вы проходили.

Втор. 1,31

И ученики рассказывали о происшедшем на пути, и как Он был узнан ими в преломлении хлеба.

Лк. 24,35

☼ Ин. 18,10.11 ⊙ 2 Кор. 12,11–21

16 суббота

И будет для меня Иерусалим радостным именем, похвалою и честью пред всеми народами земли, которые услышат о всех благах, какие Я сделаю ему.

Иер. 33,9

Народ же, предшествовавший и сопровождавший, восклицал: осанна Сыну Давидову! благословен Грядущий во имя Господне! осанна в вышних!

Мф. 21,9

☼ 1 Петр. 3,8–17 ⊙ 2 Кор. 13,1–13

17 воскресенье

Только Я знаю намерения, какие имею о вас, говорит Господь, намерения во благо, а не на зло, чтобы дать вам будущность и надежду.

Иер. 29,11

И сама тварь освобождена будет от рабства тлению в свободу славы детей Божиих.

Рим. 8,21

ПРЕДПОСЛЕДНЕЕ ВОСКРЕСЕНЬЕ ЦЕРКОВНОГО ГОДА

Всем нам должно явиться пред судилище Христово.

2 Кор. 5,10

Псалом: 49,2–4.6 зеленый
Проповедь/Послание: Рим. 14,(1–6)7–13
Евангелие: Мф. 25,31–46
ВЗ: Иов 14,1–6(7–12)13(14)15–17

---

18 понедельник

Буду радоваться и торжествовать о Тебе, петь имени Твоему, Всевышний.
Пс. 9,3

Радуйтесь всегда в Господе.
Флп. 4,4

☼ Мф. 25,14–20 ⊙ 2 Петр. 1,1–11

19 вторник

Душа наша избавилась, как птица, из сети ловящих: сеть расторгнута, и мы избавились.
Пс. 123,7

Много народа пришли послушать Иисуса и исцелиться от болезней своих, также и страждущие от нечистых духов; и исцелялись.
Лк. 6,18

☼ Иер. 8,4–9 ⊙ 2 Петр. 1,12–21

20 среда

Господь благ и милосерд, долготерпелив и многомилостив и сожалеет о бедствии.
Иоиль 2,13

Виноградарь сказал хозяину виноградника в ответ: господин! оставь смоковницу и на этот год, пока я окопаю ее

и обложу навозом, – не принесет ли плода; если же нет, то в следующий год срубишь ее.
Лк. 13,8–9

⊙ 2 Петр. 2,1–11

ДЕНЬ ПОКАЯНИЯ И МОЛИТВЫ

Праведность возвышает народ, а беззаконие – бесчестие народа.
Притч. 14,34

Псалом: 129,1–5 фиолетовый
Послание: Рим. 2,1–11
Проповедь/Евангелие: Лк. 13,(1–5)6–9
ВЗ: Ис. 1,10–18

---

21 четверг

Кто ходит во мраке, без света, да уповает на имя Господа.
Ис. 50,10

Тьма проходит и истинный свет уже светит.
1 Ин. 2,8

☼ 2 Фес. 1,3–12 ⊙ 2 Петр. 2,12–22

22 пятница

Наставь меня, Господи, на путь Твой, и буду ходить в истине Твоей.
Пс. 85,11

И познаете истину, и истина сделает вас свободными.

Ин. 8,32

☼ Евр. 13,17–21 ⊙ 2 Петр. 3,1–10

23 суббота

Не должен находиться у тебя прорицатель, гадатель, ворожея, чародей, ибо мерзок пред Господом всякий, делающий это.

Втор. 18,10.12

Отрезвитесь, как должно, и не грешите; ибо, к стыду вашему скажу, некоторые из вас не знают Бога.

1 Кор. 15,34

☼ 2 Петр. 3,(13)14–18 ⊙ 2 Петр. 3,11–18

24 воскресенье

Народ Мой! Что сделал Я тебе и чем отягощал тебя? Отвечай Мне.

Мих. 6,3

Ты пренебрегаешь богатство благости, кротости и долготерпения Божия, не разумея, что благость Божия ведет тебя к покаянию?

Рим. 2,4

ПОСЛЕДНЕЕ ВОСКРЕСЕНЬЕ ЦЕРКОВНОГО ГОДА – ДЕНЬ ПОМИНОВЕНИЯ УСОПШИХ – ВОСКРЕСЕНЬЕ ВЕЧНОСТИ

Да будут чресла ваши препоясаны и светильники горящи.
Лк. 12,35

Псалом: 125,1–2.5–6 белый
Послание: Откр. 21,1–7
Евангелие: Мф. 25,1–13
ВЗ: Ис. 65,17–19(20–22)23–25 Проповедь: Пс. 125

25 понедельник

Не причинил ли ты себе это тем, что оставил Господа Бога твоего в то время, когда Он путеводил тебя?
Иер. 2,17

Павел пишет: К свободе призваны вы, братия, только бы свобода ваша не была поводом к угождению плоти, но любовью служите друг другу.
Гал. 5,13

☼ Евр. 12,18–25 ⊙ Ис. 56,1–8

26 вторник

Истинно Ты Бог сокровенный, Бог Израилев, Спаситель.
Ис. 45,15

Мне дана благодать сия – благовествовать язычникам неисследимое богатство Христово и открыть всем, в чем состоит домостроительство тайны, сокрывавшейся от вечности в Боге, создавшем всё Иисусом Христом.
Еф. 3,8–9

☼ Ис. 35,8–10 ⊙ Ис. 56,9–12

27 среда

Господи! Ты даруешь нам мир; ибо и все дела наши Ты устрояешь для нас.
Ис. 26,12

Павел пишет: Впрочем, братия, радуйтесь, усовершайтесь, утешайтесь, будьте единомысленны, мирны, – и Бог любви и мира будет с вами.
2 Кор. 13,11

☼ 1 Кор. 3,9–15 ⊙ Ис. 57,1–13

28 четверг

А вы будете называться священниками Господа, служителями Бога нашего будут именовать вас.
Ис. 61,6

Итак каждый должен разуметь нас, как служителей Христовых и домостроителей таин Божиих.
1 Кор. 4,1

☼ Евр. 13,1–9 ⊙ Ис. 57,14–21

29 пятница

Господи, на пути откровений Твоих я радуюсь, как во всяком богатстве.
Пс. 118,14

Иисус говорит: Если заповеди Мои соблюдете, пребудете в любви Моей, как и Я соблюл заповеди Отца Моего и пребываю в Его любви. Сие сказал Я вам, да радость Моя в вас пребудет и радость ваша будет совершенна.
Ин. 15,10–11

☼ Евр. 13,10–16 ⊙ Ис. 58,1–9*а*

30 суббота

Люби Господа, Бога твоего, всем сердцем твоим, и всею душею твоею и всеми силами твоими.
Втор. 6,5

Любовь не делает ближнему зла; итак любовь есть исполнение закона.
Рим. 13,10

☼ Откр. 21,10–14.21–27 ⊙ Ис. 58,9*б*–14

Декабрь

Восстань, светись, Иерусалим, ибо пришел свет твой, и слава Господня взошла над тобою. Ис. 60,1

1 воскресенье

О, если бы направлялись пути мои к соблюдению уставов Твоих!
Пс. 118,5

Иоанн говорит: покайтесь, ибо приблизилось Царство Небесное.
Мф. 3,2

ПЕРВОЕ ВОСКРЕСЕНЬЕ АДВЕНТА

Се Царь твой грядет к тебе, праведный и спасающий.
Зах. 9,9

Псалом: 23,7–10 фиолетовый
Послание: Рим. 13,8–12
Проповедь/Евангелие: Мф. 21,1–11
ВЗ: Зах. 9,9–10

---

2 понедельник

Уповайте на Господа вовеки, ибо Господь Бог есть твердыня вечная.
Ис. 26,4

Иисус говорит: Всякий, приходящий ко Мне и слушающий слова Мои и исполняющий их, скажу вам, кому подобен. Он подобен человеку, строящему дом, который копал, углубился и положил основание на камне.
Лк. 6,47–48

☼ 1 Петр. 1,(8.9)10–13 ⊙ Ис. 59,1–15*а*

3 вторник

Самуил сказал Савлу: найдет на тебя Дух Господень, и ты будешь пророчествовать с ними и сделаешься иным человеком.
1 Цар. 10,6

Сей самый Дух свидетельствует духу нашему, что мы – дети Божии.
Рим. 8,16

☼ Евр. 10,32–39 ⊙ Ис. 59,15*б*–21

4 среда

О, если бы ты внимал заповедям Моим! тогда мир твой был бы как река, и правда твоя – как волны морские.
Ис. 48,18

Плод же правды в мире сеется у тех, которые хранят мир.
Иак. 3,18

☼ Кол. 1,9–14 ⊙ Ис. 60,1–14

5 четверг

Любите истину и мир.
Зах. 8,19

Мир Божий, который превыше всякого ума, соблюдет сердца ваши и помышления ваши во Христе Иисусе.
Флп. 4,7

☼ 1 Фес. 5,1–6 ⊙ Ис. 60,15–22

6 пятница

О, Господи Боже! Ты сотворил небо и землю великою силою Твоею и простертою мышцею; для Тебя ничего нет невозможного.

Иер. 32,17

Ибо так возлюбил Бог мир, что отдал Сына Своего Единородного, дабы всякий верующий в Него, не погиб, но имел жизнь вечную.

Ин. 3,16

☼ Иез. 37,24–28 ⊙ Ис. 61,1–11

7 суббота

И сказал Господь Каину: что ты сделал? голос крови брата твоего вопиет ко Мне от земли.

Быт. 4,10

Верно и всякого принятия достойно слово, что Христос Иисус пришел в мир спасти грешников, из которых я первый.

1 Тим. 1,15

☼ Флп. 1,3–11 ⊙ Ис. 62,1–12

8 воскресенье

Согрешили мы с отцами нашими, совершили беззаконие, соделали неправду.

Пс. 105,6

Ибо мы признаем, что человек оправдывается верою, независимо от дел закона.
Рим. 3,28

ВТОРОЕ ВОСКРЕСЕНЬЕ АДВЕНТА

Восклонитесь и поднимите головы ваши, потому что приближается избавление ваше.
Лк. 21,28

Псалом: 79,2–3.19–20 фиолетовый
Послание: Иак. 5,7–8(9–11)
Евангелие: Лк. 21,25–33
ВЗ: Ис. 63,15–64,3 Проповедь: Ис. 35,3–10

9 понедельник

И возрадуются все уповающие на Тебя.
Пс. 5,12

Павел пишет: во всём являем себя, как служители Божии. Нас огорчают, а мы всегда радуемся; мы нищи, но многих обогащаем; мы ничего не имеем, но всем обладаем.
2 Кор. 6,4.10

☼ Ис. 25,1–5 ⊙ Ис. 63,7–14

10 вторник

Не зайдет уже солнце твое, и луна твоя не сокроется, ибо Господь будет для тебя вечным светом.
Ис. 60,20

Бог, повелевший из тьмы воссиять свету, озарил наши сердца, дабы просветить нас познанием славы Божией в лице Иисуса Христа.

2 Кор. 4,6

☼ Откр. 2,1–7 ⊙ Ис. 63,15–64,6

11 среда

Ожидание праведников – радость.

Притч. 10,28

Будьте подобны людям, ожидающим возвращения господина своего с брака, дабы, когда придет и постучит, тотчас отворить ему.

Лк. 12,36

☼ 2 Кор. 5,1–10 ⊙ Ис. 64,7–11

12 четверг

Бог униженных поставляет на высоту, и сетующие возносятся во спасение.

Иов 5,11

Бог избрал немудрое мира, чтобы посрамить мудрых, и немощное мира избрал Бог, чтобы посрамить сильное.

1 Кор. 1,27

☼ Иер. 31,1–7 ⊙ Ис. 65,1–10

13 пятница

Моисей закрыл лице свое, потому что боялся воззреть на Бога.

Исх. 3,6

Иисус, приступив, коснулся учеников и сказал: встаньте и не бойтесь. Возведя же очи свои, они никого не увидели, кроме одного Иисуса.

Мф. 17,7–8

☼ Лк. 22,66–71 ⊙ Ис. 65,17–25

14 суббота

Зачем же ты пренебрег слово Господа, сделав злое пред очами Его?

2 Цар. 12,9

Бедный я человек! кто избавит меня от сего тела смерти? Благодарю Бога моего Иисусом Христом, Господом нашим.

Рим. 7,24–25

☼ 1 Фес. 4,13–18 ⊙ Ис. 66,1–4

15 воскресенье

Не надейтесь на обманчивые слова: «здесь храм Господень, храм Господень, храм Господень». Но исправьте пути ваши и деяния ваши.

Иер. 7,4–5

Благословен Господь Бог Израилев, что посетил народ Свой и сотворил избавление ему, небоязненно служить Ему в святости и правде пред Ним, во все дни жизни нашей.
Лк. 1,68.74.75

ТРЕТЬЕ ВОСКРЕСЕНЬЕ АДВЕНТА

Приготовьте путь Господу, ибо Господь Бог грядет с силою.
Ис. 40,3.10

Псалом: 84,2.7.10.12 — фиолетовый
Послание: 1 Кор. 4,1–5
Евангелие: Лк. 1,67–79
ВЗ: Ис. 40,1–11 — Проповедь: Рим. 15,4–13

16 понедельник

Будь мне твердым прибежищем, куда я всегда мог бы укрываться; Ты заповедал спасти меня.
Пс. 70,3

Иисус пал на лице Свое, молился и говорил: Отче Мой! если возможно, да минует Меня чаша сия; впрочем не как Я хочу, но как Ты.
Мф. 26,39

☼ Мф. 3,1–6 — ⊙ Ис. 66,5–14

17 вторник

Суд возвратится к правде, и за ним последуют все правые сердцем.
Пс. 93,15

Иисус говорит: Бог ли не защитит избранных Своих, вопиющих к Нему день и ночь, хотя и медлит защищать их? сказываю вам, что подаст им защиту вскоре.

Лк. 18,7–8

☼ Соф. 3,14–20 ⊙ Ис. 66,15–24

18 среда

Господь сказал: не бойся, Аврам; Я твой щит; награда твоя весьма велика.

Быт. 15,1

И так Авраам, долготерпев, получил обещанное.

Евр. 6,15

☼ 2 Кор. 1,18–22 ⊙ Лк. 1,1–17

19 четверг

Иаков сказал Иосифу: пойди, посмотри, здоровы ли братья твои и цел ли скот.

Быт. 37,14

Будем внимательны друг ко другу, поощряя к любви и добрым делам.

Евр. 10,24

☼ Ис. 11,10–13 ⊙ Лк. 1,18–25

20 пятница

Израиль же будет спасен спасением вечным в Господе; вы не будете постыжены и посрамлены во веки веков.
Ис. 45,17

Ангел сказал Иосифу: Мария родит Сына, и наречешь Ему имя Иисус, ибо Он спасет людей Своих от грехов их.
Мф. 1,21

☼ Иер. 30,8–11*а* ⊙ Лк. 1,26–38

21 суббота

Сердце мое и плоть моя восторгаются к Богу живому.
Пс. 83,3

Елисавета сказала Марии: И откуда это мне, что пришла Матерь Господа моего ко мне? Ибо когда голос приветствия Твоего дошел до слуха моего, взыграл младенец радостно во чреве моем.
Лк. 1,43–44

☼ Откр. 3,7–13 ⊙ Лк. 1,39–56

22 воскресенье

Ты – надежда моя, Господи Боже, упование мое от юности моей.
Пс. 70,5

Ибо мы спасены в надежде. Надежда же, когда видит, не есть надежда; ибо если кто видит, то чего ему и надеяться? Но когда надеемся того, чего не видим, тогда ожидаем в терпении.

Рим. 8,24–25

ЧЕТВЕРТОЕ ВОСКРЕСЕНЬЕ АДВЕНТА

Радуйтесь всегда в Господе; и еще говорю: радуйтесь. Господь близко.

Флп. 4,4.5*б*

Псалом: 101,14.16.20–21 фиолетовый
Послание: Флп. 4,4–7
Евангелие: Лк. 1,26–38(39–56)
ВЗ: Ис. 62,1–5 Проповедь: Лк. 1,(26–38)39–56

---

23 понедельник

Беззакония мои я сознаю, и грех мой всегда предо мною.

Пс. 50,5

Если исповедуем грехи наши, то Он, будучи верен и праведен, простит нам грехи наши и очистит нас от всякой неправды.

1 Ин. 1,9

☼ Ис. 7,10–14 ⊙ Лк. 1,57–66

24 вторник

Каждый с даром в руке своей, смотря по благословению Господа, Бога твоего, какое Он дал тебе.

Втор. 16,17

Волхвы, открыв сокровища свои, принесли Младенцу дары: золото, ладан и смирну.
Мф. 2,11

⊙ Лк. 1,67–80

СОЧЕЛЬНИК

Не бойтесь; я возвещаю вам великую радость, которая будет всем людям: ибо ныне родился вам в городе Давидовом Спаситель, Который есть Христос Господь.
Лк. 2,10*б*.11

Псалом: 95,1–3.9 белый
Послание: Гал. 4,4–7
Евангелие: Лк. 2,1–20
Проповедь/ВЗ: Ис. 9,1–6

25 среда

Приму вас Себе в народ и буду вам Богом.
Исх. 6,7

Смотрите, какую любовь дал нам Отец, чтобы нам называться и быть детьми Божиими.
1 Ин. 3,1

⊙ Лк. 2, 1–14

РОЖДЕСТВО ХРИСТОВО

Слово стало плотию, и обитало с нами, и мы видели славу Его.
Ин. 1,14*а*

Псалом: 95,1–3.9 белый
Послание: Тит 3,4–7
Проповедь/Евангелие: Ин. 1,1–5.9–14(16–18) ВЗ: Ис. 52,7–10

26 четверг

И узнают, что Я, Господь Бог их, с ними, и они, дом Израилев, Мой народ, говорит Господь Бог.

Иез. 34,30

Ныне родился вам в городе Давидовом Спаситель, Который есть Христос Господь.

Лк. 2,11

⊙ Лк. 2,15-20

НЕДЕЛЯ ПОСЛЕ РОЖДЕСТВА ХРИСТОВА

И Слово стало плотию, и обитало с нами, и мы видели славу Его.

Ин. 1,14*а*

Псалом: 95 — белый

Послание: Евр. 1,1–4(5–14)

Евангелие: Мф. 1,18–25

ВЗ: Ис. 7,10–14 — Проповедь: Рим. 1,1–7

ДЕНЬ ПЕРВОМУЧЕНИКА СТЕФАНА

Дорога в очах Господних смерть святых Его! Тебе принесу жертву хвалы, и имя Господне призову.

Пс. 115,6.8

Псалом: 118,81–82.88.90*а*.91*б* — красный

Послание: Деян. 6,8–15; 7,(1–54)55–60

Евангелие: Мф. 10,16–22

Проповедь/ВЗ: 2 Пар. 24,19–21

---

27 пятница

Все концы земли увидели спасение Бога нашего.
Пс. 97,3

Мы ожидаем блаженного упования и явления славы великого Бога и Спасителя нашего Иисуса Христа.
Тит 2,13

☼ Ин. 21,20–24 ⊙ Лк. 2,21–24

ДЕНЬ АПОСТОЛА И ЕВАНГЕЛИСТА ИОАННА
Послание: 1 Ин. 1,1–10 красный
Евангелие: Ин. 21,20–24
ВЗ: Иез. 1,4–14

---

28 суббота

Благотворящий бедному дает взаймы Господу, и Он воздаст ему за благодеяние его.
Притч. 19,17

Давайте, и дастся вам: мерою доброю, утрясенною, нагнетенною и переполненною отсыплют вам в лоно ваше; ибо, какою мерою мерите, такою же отмерится и вам.
Лк. 6,38

☼ Мф. 2,13–18 ⊙ Лк. 2,25–35

ДЕНЬ НЕВИННОУБИЕННЫХ МЛАДЕНЦЕВ
Псалом: 123,1*а*.2*б*.4.7 красный
Послание: Откр. 12,1–17

Евангелие: Мф. 2,13–18
ВЗ: Иер. 31,15–17

29 воскресенье

И птичка находит себе жилье, и ласточка гнездо себе, где положить птенцов своих, у алтарей Твоих, Господи сил, Царь мой и Бог мой!

Пс. 83,4

Лисицы имеют норы и птицы небесные – гнезда, а Сын Человеческий не имеет, где приклонить голову.

Мф. 8,20

ПЕРВОЕ ВОСКРЕСЕНЬЕ ПОСЛЕ РОЖДЕСТВА

Мы видели славу Его, славу, как Единородного от Отца, полное благодати и истины.

Ин. 1,14*б*

Псалом: 92,1; 95,6; 92,2.5 белый
Послание: 1 Ин. 1,1–4
Евангелие: Лк. 2,(22–24)25–38(39–40)
ВЗ: Ис. 49,13–16 Проповедь: Мф. 2,13–18(19–23)

30 понедельник

Велик Господь наш и велика крепость Его, и разум Его неизмерим.

Пс. 146,5

Младенец же возрастал и укреплялся духом, исполняясь премудрости, и благодать Божия была на Нем.
Лк. 2,40

Ис. 63,7–14 Лк. 2,36–40

31 вторник

Сей Бог есть Бог наш на веки и веки: Он будет вождем нашим.
Пс. 47,15

Иисус говорит: Я есмь путь и истина и жизнь.
Ин. 14,6

⊙ Лк. 2,41–52

КАНУН НОВОГО ГОДА

В Твоей руке дни мои.
Пс. 30,16*а*

Псалом: 120,1–3.7 белый
Послание: Рим. 8,31*б*–39
Евангелие: Мф. 13,24–30
ВЗ: Еккл. 3,1–15 Проповедь: Ис. 51,4–6
